これだけできれば
雑学王
どんどん賢くなる500問!

M2プロジェクト●編

オール雑学500問、クイズでめざせ、雑学王！

雑学とは、特定の分野にこだわらない種々雑多な知識のこと。つまり、世の中や人の暮らしに関する面白いことなら、なんでもアリ。役に立つことも立たないことも、知ってるだけでちょっと嬉しくなるのが雑学の不思議なところです。

合コンや飲み会、パーティーなどで、いつも周りと会話が弾む人は、自然と人気者になりますね。話題が豊富で、いつもいろんなことに興味を持っている人は、周囲をいつの間にか楽しい気分にしてくれます。じつは、そんな人たちに共通しているのが「雑学に強い！」こと。デートの会話でも、仕事の合間の雑談でも、熟年同士の茶飲み話でも、雑学はいつでも使えます。雑学って、人生を楽しく豊かにしてくれるんです。

本書は、そんな雑学知識がどんどん身につくクイズをドーンと500問提供します。入門編から特級編までじっくりチャレンジして、一冊丸ごとがんばったら、もうあなたは立派な「雑学王」かも！

M2プロジェクト

第1章
お受験レベルで定番をおさらい
まずはここから！ 入門編

問1「ひやかす」の語源となった職業は？
問2 まずい魚や魚料理のたとえに使われることばは？
問3 次のうち人名が語源になっていないものはどれ？
問4 歌舞伎役者の世界を別名でなんという？……21
問5 上野の西郷さんの銅像が犬を連れているわけは？
問6 日本で最初の電話交換の実験での第一声は？
問7 昔の武士が前頭部を剃り上げていたのはなぜ？
問8 鎌倉の大仏はなぜ屋外でむき出しなのか？……23
問9 遭難信号「SOS」は「我らが船を救え」の略
問10 給料を意味する「サラリー」はもともとは小麦をさした
問11 英語の「アリバイ」には「言い訳」の意味がある
問12 競馬のジョッキーとディスクジョッキーの「ジョッキー」のスペルは同じ
問13「サンドイッチ」は最初に客に出したパブの名前から付いた名
問14「マスクメロン」は網の目がマスクのように見えるから付いた名……25
問15 〝プリマ〟と通称されるフリーマーケットのもとの意味は？
問16 アメリカで『ポケモン』をポケットモンスターと呼ばない理由は？
問17 海外のホテルで「モーニングコール」をお願いするときは？
問18「ボイコット」の語源は？……27
問19 数字のゼロが発明されたのはどこの国？
問20 メートルの単位はなにをもとにして作られたか？
問21 1週間はなぜ7日になったのか？
問22 一番美しい比率といわれる黄金比1対1・6が用いられているのはどっち？……29
問23 雲の切れ目から太陽光が放射状に注ぐ現象をなんという？
問24 地球の大気へのメタンガス放出量の1位を占めるのは？
問25 世界共通で用いられている星座名の数は？
問26 胃から出る消化液に含まれているのは？
問27 カニやエビをゆでると赤くなるのは？
問28 海や湖の水が青く見える現象の名は？……31
問29 マラソンの名前の由来となった都市はどこにある？
問30 紅茶の発祥の地はどの国か？
問31 ノーベル賞に名を残すアルフレッド・ノーベルはなにを発明したことで知られる？
問32 史上初めて2度ノーベル賞を受賞した人はだれ？……33
問33 60年代に全米で百万枚を超える大ヒットを記録した日本の歌の英語名は？
問34 音楽の三要素といわれるのは、メロディー、リズムと、もう一つは？
問35 子ども用カスタネットが青と赤のツートンカラーのわけは？
問36 音楽の演奏で、二重奏はデュエット、四重奏はカルテット、では五重奏は？……35

問37 サッカーの試合で1人で3得点する「ハットトリック」の由来となった競技は？
問38 ラグビーのボールはなぜ楕円形をしているのか？
問39 衛生用品の表示で、次のうち消毒効果がいちばん高いのは？
問40 次のうち「献血ができる」条件の人は？……37
問41 鉛筆の軸には国産の杉の木が使われている
問42 一級河川と二級河川は水質によって区別されている
問43 飛行機の出発時刻とは車輪が地面を離れたときである
問44 右手を上げた招き猫は「お金」を招き、左手を上げた招き猫は「人」を招く
問45 神社に納める「絵馬」はもともとは本物の馬を納めていた
問46 ごはんのことを「シャリ」というのはお釈迦様の骨からきている……39
問47 「子持ち昆布」の「子」はなんの子か？
問48 「たらちり」「ふぐちり」などの〝ちり〟ってなに？
問49 TVドラマにもなった『のだめカンタービレ』の〝カンタービレ〟の意味は？
問50 「アカペラ」の正しい意味は？……41
問51 野球の左打者は多いのに、なぜプロゴルファーには左打ちが少ない？
問52 血圧はなぜ上腕で測るのか？
問53 視力検査に使うアルファベットのCに似た記号をなんという？
問54 化粧品の使用期限の表示はどう規定されている？……43
問55 なぜ時計の針は右回りなのか？
問56 ラクダのコブにはなにが詰まっている？
問57 メスが出産するとき、助産婦のような行動をするという動物は？
問58 地上で最も背の高い動物・キリンはどうやって出産する？……45
問59 社会奉仕団体「ライオンズクラブ」とライオンの関係は？
問60 数字の7をなぜラッキーセブンというようになった？
問61 ニューヨークの別名をニックネームでいうと？
問62 西洋では「アダムのリンゴ」と呼ばれる体の部位を日本ではなんという？……47
問63 「弘法も筆のあやまり」のたとえにも出される、弘法大師があやまった字とは？
問64 「さじを投げる」の語源となった職業は？
問65 「年寄りの冷や水」の〝冷や水〟はなにをさしていた？
問66 「とどのつまり」の〝とど〟とは何か？……49
問67 次の漢字（花の名前）はなんと読む？
問68 次の漢字（魚の名前）はなんと読む？
問69 次の漢字（動物の名前）はなんと読む？
問70 次の漢字（鳥の名前）はなんと読む？……51
問71 サクラもウメもバラ科の植物である
問72 三毛猫の4分の1はオスである
問73 おいしい米、コシヒカリのコシは「越後」のことである

問74 床屋の〝赤青白〟の看板はフランス国旗を意味していた
問75 ジーンズの青い染料はもとは毒蛇・毒虫よけだった
問76 ティッシュペーパーはどんなに薄くても2枚重ねである
問77 江戸時代以前の日本で風呂といえば「蒸し風呂」だった
問78 「ふろしき」は風呂で使われた布から名が付いた……53
問79 緑茶やお茶の葉はみどりなのになぜブラウンを「茶色」という？
問80 結納や婚姻の席で緑茶を出さないのはなぜ？
問81 冷蔵庫の「チルド」と「パーシャル」で、より低温なのは？
問82 セーラー服の後ろ襟はなぜあんなに大きいのか？……55
問83 ドラえもんはロボットなのでおしっこをしない
問84 リカちゃん人形の本名は「香山リカ」である
問85 「ロッテ」の社名はゲーテの小説からとられた
問86 「キヤノン」の社名は観音様のKANNONからきている
問87 コーヒーチェーンの「ドトール」の名は世話になった医者の名から
問88 ＪＲの駅売店「キオスク」はトルコ語である
問89 金メッキなどの「メッキ」はロシア語である
問90 宝石の「カラット」の単位のもとは木の実である……57
問91 漢字の数の単位で、一、十、百、千、万、億、兆の次は？
問92 連続する3つの整数の和は必ず□で割り切れる。□に入る数字は？
問93 不動産広告の「駅から徒歩○分」とはなにを基準にしている？
問94 石油の話題で出てくる「バレル」とはどんな単位か？
問95 大きさのたとえに「東京ドーム○杯分」という表現を使うが、東京ドーム1杯分とは～
問96 サイコロの上下・左右に向かい合う面の目の数を足すといくつか？……59
問97 「埒があかない」のラチとはなんのこと？
問98 男女の仲の「振った・振られた」はなにからきたことば？
問99 「だらしがない・だらしない」のダラシってなに？
問100 江戸時代の頃、離縁状を意味したのはどれ？……61
第1章採点表……63
雑学王への道……64

第2章 小学校レベルでくじけるな まだまだ序の口！ 初級編

問1 耳かきについているふわふわの白い綿毛を「凡天」という
問2 焼き鳥屋で出てくる「砂肝」は肝臓の一部～
問3 調理用語で「せんろっぽん」とは野菜を千六本に～
問4 海苔には裏表があり、本来はツヤのない面が～
問5 ガムとチョコレートを一緒に食べるとガムは溶けていく
問6 トローチの真ん中の穴は時間をかけてなめるために空いている

問**7** シュークリームの「シュー」はキャベツのことである
問**8** 牛乳を温めるとできる薄膜はカルシウムが固まったもの……67
問**9** ベルギーのブリュッセルにある像は「小便小僧」ともう一つはなに？
問**10** 世界的コーヒーチェーン店「スターバックス」の名前の由来は？
問**11** Mac、iPodのアップル社のリンゴのマークはなぜ欠けている？
問**12** 女性に人気のエルメスの「ケリーバッグ」の〝ケリー〟とは？
問**13** スポーツブランド「ナイキ」の社名の由来は？
問**14** 牛を食べないインドで、マクドナルドのハンバーガーの肉はなに？……69
問**15** 「海洋深層水」はどうやって海の水を採取している？
問**16** 農林水産省の分類では「野菜」に含まれるのはどちら？
問**17** JR職員用に開発された「自動起床装置ベッド」は～
問**18** 天気予報の「一時雨」と「時々雨」のちがいは？
……71
問**19**～問**22** 傍線部分はなんと読む？……73
問**23** 人の生理現象を表す次の漢字、なんと読む？
問**24** これも生理現象、なんと読む？
問**25**～問**26** 傍線部分をなんと読む？……75
問**27** 世界最初のコンピュータはいつ誕生した？

問**28** 昔から「人の噂も七十五日」というがなぜ75日～
問**29** パパパン・パパパン・パパパン・パンが江戸の一本締め～
問**30** 箪笥を数える単位はどれか？……77
問**31** 目覚まし時計や携帯のアラーム機能にある「スヌーズ」の意味は？
問**32** 「セブン - イレブン」のロゴが7 ELEVEnと最後だけ～
問**33** ワイシャツは英語でなんという？
問**34** グレープフルーツはオレンジの仲間なのに、なぜブドウの果実と呼ぶ？……79
問**35** 3種類の注射の方法のうち、いちばん痛いとされるのは？
問**36** 〝オヤジ臭〟などと呼ばれる加齢臭の正体といわれる～
問**37** ゴルフコースはなぜ18ホールに決められた？
問**38** リレー競技の最後の選手をなぜ「アンカー」というのか？……81
問**39** 『フランダースの犬』が日本で初めて翻訳されたときの孤児ネロの名は？
問**40** 宮崎駿のアニメーションで知られる「スタジオジブリ」の〝ジブリ〟の意味は？
問**41** サザエさんは専業主婦だが、結婚前の職業はなにか？
問**42** 『サザエさん』から生まれた「マスオさん現象」とはどういう意味か？……83
問**43** マンガ家手塚治虫が美術デザイナーとしてのオファーを受けていた映画は？
問**44** ホウレン草を食べると元気になるポパイ。もともとはなにを食べると元気になっていたか？
問45 チャーリー・ブラウンの相棒、スヌーピーの弱点は？
問46 童謡「赤い靴」のモデルは本当に異人さんと海外へ行ったのか？……85
問47 競輪（KEIRIN）も交番（KOBAN）も国際語である
問48 警察の交番、駐在所はあるが「派出所」は廃止されている
問49 「折り紙つき」とは保証書付きの意味である
問50 贈答品につける「熨斗」はもとはノシイカ（スルメ）をさした
問51 九州で売られている「柚子胡椒」にコショウは入っていない
問52 粉わさびは冷水で溶くと香りと辛みが強くなる
問53 日本で最初に成人式を行ったのは東京都八王子市である
問54 千葉県浦安市の成人式はディズニーランドで行われる……87
問55 アカデミー賞は全米映画製作者連盟のメンバーの投票で～
問56 マイケル・ジャクソンは映画のオスカー像を持っている
問57 アカデミー賞外国語映画賞を受賞した日本映画は～
問58 日本で初めてLPの売上げ100万枚を突破したのは松任谷由実
問59 手塚治虫作『BLACK JACK』の主人公の本名は間黒男という
問60 浜崎あゆみは歌手デビュー前「浜崎このみ」というモデルだった
問61 井上陽水の最初の芸名は「アンドレ・カンドレ」という
問62 カラオケの発明者はカラオケシステムの特許をとっていない……89
問63 過去「清水の舞台」から飛び降りた人はどのくらいいる？
問64 イギリスの老舗デパート「ハロッズ」で、世界初のエスカレーターが設置されたとき配られたのは？
問65 日本で最初に新婚旅行をしたといわれる歴史上の人物はだれ？
問66 日本最大の砂丘はどれか？……91
問67 「野菜ソムリエ」の正式な名称は？
問68 糸引き納豆を考案したと伝えられる人物は？
問69 そば屋の屋号に「○○庵」が多いのはなぜ？
問70 福岡産イチゴ「あまおう」の名前の由来は？……93
問71 電気器具のプラグの差し込み口のことを英語で～
問72 ビジネスマンが手頃な価格で泊まれるホテルを～
問73 プロ野球のバッターの最大の勲章、「三冠王」を英語でいうと？
問74 「ライバル」という英語の語源と関係が深いのは？……95
問75 味覚を「五味」で分けるとき、甘味、酸味、辛味、苦味と～
問76 うどんやそばの「鴨南蛮」の〝南蛮〟とはなに？
問77 そばはなぜ「そば」と呼ぶようになった？
問78 「あつむぎ」とも呼ばれる食べものは？……97
問79 プロサッカーチームで選手のユニフォームや用具の世話をする係をなんという？
問80 大相撲で土俵に何度も塩をまくのはなんのため？
問81 大相撲で土俵にまかれる塩は一日どのくらい消費するか？

問82 スキーのフリースタイル競技の「モーグル」とはどんな意味？……99
問83 芥川賞と並び称される「直木賞」のもとになった作家の名前は？
問84 小説家・三島由紀夫のペンネームの由来は？
問85 雑誌の企画として作家や評論家などの「座談会」を発案した人物はだれか？
問86 2人だと対談、多数だと座談会だが、とくに3人の対談をなんという？……101
問87 閑古鳥とはカッコウの別名である
問88 イルカは泳ぎながら熟睡している
問89 「ハチは一度刺したら死ぬ」は本当である
問90 ツルが一本足で眠るのは疲労軽減のため
問91 渡り鳥が編隊飛行をするのは空気抵抗を〜
問92 動物園のクマは冬眠しない
問93 冬眠中のクマは一度もうんこをしない
問94 魚の群れが一斉に向きを変えるのは体側のセンサーによる……103
問95 結婚指輪はなぜ左手の薬指にするのか？
問96 新婚期間をさすハネムーンはなぜ蜜月なのか？
問97 なぜ欧米では13日の金曜日が不吉とされるのか？
問98 欧米で昔から行われているムシを使うダイエット法とは？
問99 毒素を注入するボトックス注射でなぜ顔のシワが〜
問100 女性の潮吹きのツボなどともいわれるGスポットのGはなに？……105
問101 「サランラップ」の商品名の由来は？
問102 ハンバーガーチェーン「モスバーガー」の名前の由来は？
問103 殺虫剤の「フマキラー社」の社名の意味は？
問104 家電メーカー「シャープ」の社名の由来は？……107
第2章採点表……109
雑学王への道……110

第3章 中学校レベルで基礎をみっちり がっちり押さえる！ 中級編

問1 警察は110番、火事・救急は119番、では118番は？
問2 コンピュータゲームの代名詞となった「Nintendo」のかつての主力商品はなに？
問3 洋菓子の業界では毎月22日を「ショートケーキの日」と定めているが、その由来は？
問4 韓国で、デートする恋人のいない若者が4月14日に行う催しを何デーというか？……113
問5 「本籍地」は日本のどこにでも自由に置くことができる
問6 富士山の山頂はどの県にも属さず、住所もない
問7 馬は軽車両扱いで一般道も歩道も通行することができる
問8 「六本木」の地名は昔その地に6本の名木があったから付いた

問9 Vサインを世界に広めたのはマッカーサー元帥である
問10 学生服の俗称「学ラン」のランはオランダのことである……115
問11 「みりん」はもともとは飲むためのお酒である
問12 黒コショウと白コショウは同じコショウの実である
問13 卵を冷蔵庫で保存するときはとがったほうを〜
問14 居酒屋で出てくるシシャモの9割以上は代用品である
問15 カレーの国インドでは赤ちゃんの離乳食にもスパイスを〜
問16 レストランを開くには調理師免許が必要である……117
問17 天文学でいう「超新星爆発」とはどのような現象をさす？
問18 大人の体内の血管（毛細血管も含む）を全部つなげると長さは〜
問19 鉛筆1本でどのくらいの長さの線が引けるか？
問20 だれでもできる手品〝ラバーペンシル・イリュージョン〟とは？……119
問21 『論語』の有名なことばです
問22 みんなで同じことを言う
問23 相当頭にきてます
問24 心にしっかり刻み付けます
問25 みんな集まりました
問26 そんなこと聞いたこともない……121
問27 次の漢字（動物名）はなんと読む？
問28 次の漢字（鳥の名前）はなんと読む？
問29 次の漢字（魚の名前）はなんと読む？
問30 次の漢字（寿司ダネでおなじみ）はなんと読む？……123
問31 少女マンガで瞳にキラキラの〝星〟を描いた最初のマンガ家は？
問32 宮崎駿のアニメ『天空の城ラピュタ』に登場するラピュタ（動く島）のヒントとなった物語は？
問33 マンガ「サザエさん」が最初に登場した新聞は？
問34 江戸時代の日本で西洋風の油絵を描いていた人物は？……125
問35 夏目漱石の小説『坊っちゃん』の登場人物ではないのはどれか？
問36 次のうちレオナルド・ダ・ヴィンチの作品でないものはどれか？
問37 次のうち「シェイクスピアの4大悲劇」でない作品はどれか？
問38 次のうち、芥川龍之介の作品ではないのはどれか？……127
問39 「できちゃった結婚」をアメリカで俗になんと呼ぶ？
問40 クマのぬいぐるみ「テディ・ベア」の愛称のもとになった人物は？
問41 先進国首脳が集まる会議で「G7」などというGは〜
問42 英語で「ダイエットメンバー（Diet member）」といえばどういう意味？……129
問43 手紙やメールの「追伸」の意味のP.S.とは〜

問44 「食べ放題のレストラン」は英語でなんという？
問45 R－15、R－18など映倫規定による「R指定」のRとは？
問46 同様に映画の「PG－12指定」などのPGとはなに？……131
問47 □×1×3＝111 □×2×3＝222 □×3×3＝333であるとき、□に入る同じ2桁の数字はなにか？
問48 チョウやカブトムシなど昆虫を数えるときの単位は学術的には一つに統一されている～
問49 花びらは普通1枚2枚と数えるが、風に舞う桜の花びらはなんと数える？
問50 夏空にわき上がる入道雲を数える単位は？……133
問51 勝ち抜き制のトーナメントという方式は中世ヨーロッパの騎士の試合がルーツである
問52 野球のトーナメントなどで有力チームに与えられるシードとは「タネ」のことである
問53 プロ野球でおなじみの始球式の第1号は～
問54 昔、谷町さんというパトロンがいたことから相撲の関取衆の後援者をタニマチという……135
問55 日本で初めて建てられた鉄塔はどれか？
問56 東京タワーの鉄骨の材料に使われているのはどれか？
問57 完成すれば世界最高の鉄塔となる「東京スカイツリー」の耐震構造のモデルとなったものは？
問58 全国で青色の光を放つ街灯を使用する町が増えてきている。この目的はなにか？……137
問59 選挙日の前日から「禁酒」が義務づけられている国はどこ？
問60 オーストラリアの選挙での投票率はどのくらいか？
問61 インドネシアでの選挙で行われる投票方法はどれ？
問62 世界の中で選挙権が得られる年齢で最も若いのはいくつ？……139
問63 衣に卵黄をまぜて黄金色に揚げる料理をなんという？
問64 イセエビなどを殻をつけたまま煮付ける料理をなんという？
問65 江戸時代、武士が食べるのをさけていたといわれる～
問66 せんべいとおかきはどうちがう？……141
問67 声楽の世界で、男性のアルト歌手のことをなんという？
問68 雑誌名にもなった音楽用語「ダ・カーポ」の意味は？
問69 音楽用語で「カデンツァ」の意味は？
問70 童謡「むすんでひらいて」を作曲したといわれるのは？……143
問71 イチジクは花が咲かないため漢字で「無花果」と書く
問72 オットセイのオスは1頭で30頭以上のメスを囲っている
問73 水槽で飼う熱帯魚はオシッコをしていない
問74 酒を飲みすぎるとノドがかれるのはアルコールで声帯が～
問75 お風呂の中でオシッコがしたくなるのは腎臓の働きが活発になるため
問76 日本で売られている体重計は北海道、本州、沖縄

で仕様が異なっている……145
問77 国歌「君が代」には2番の歌詞もある
問78 タコ焼きを買うと楊枝が2本ついてくるのは～
問79 アディダスの3本線は革靴の伸びを防ぐための～
問80 漢字に読みがなをふる「ルビ」は宝石のルビーが語源である
問81 ヨーロッパでは馬蹄は悪魔よけのおまじないである
問82 神社にハトが多いのは、ハトは天神様の使いとされていたから……147
問83 毒ヘビ同士が咬みあったらどうなる？
問84 深海魚はなぜ水圧でつぶれないのか？
問85 「赤い汗をかく」といわれる動物は？
問86 競走馬サラブレッドの血統をさかのぼると何頭の馬に行き着くか？
問87 マジシャンはなぜマジックにハトを使うのか？
問88 花火大会のクライマックス「スターマイン」とはどんな花火をさす？……149
問89 鼻と口の間にある縦のみぞをなんというか？
問90 うなじの中央のくぼんだ部分をなんというか？
問91 「ひかがみ」とは体のどの部分をさすか？
問92 ヒトの乳首のまわりのブツブツはなんなのか？
問93 体に静電気がたまるとどんな影響がでるか？
問94 風邪や花粉症などで鼻水が止まらないとき、一日最大どのくらいの量が出るのか？……151

問95 天気予報の「平年並み」とはなにを基準にしている？
問96 なぜお城の中や周囲には松の木がたくさん植えられていたのか？
問97 ネコにドッグフードを与え続けるとどうなるか？
問98 イヌやネコに食べさせてはいけないものはどれ？……153
問99 被告人が留置場を出るために支払った保釈金の過去最高額はいくらか？
問100 暴力団関係者が縄張りの飲食店から定期的に取り立てるお金をなんというか？
問101 野球のユニフォームに最初に背番号を付けたチームは？
問102 漢字で書くとサッカーは蹴球、バスケットボールは籠球、ではアメリカンフットボールは？
問103 テニスのスコアで0点のことをなぜ「ラブ」というか？
問104 フライングディスクをなぜ「フリスビー」と呼ぶ？……155
問105 ネコは6世紀の仏教伝来とともに日本にやってきた
問106 飲食店の入り口に置かれる「盛り塩」は客を呼ぶおまじないである
問107 和包丁と洋包丁のちがいは鉄の焼き入れの～
問108 懐石料理の懐石とは温めた石を懐に入れて空腹をしのぐことに由来
問109 ペットボトルのお茶に必ずビタミンCが入っているのは～
問110 パイプカットの手術をすると精子は生産されなく

なる……157
問111 いなり寿司と太巻きの入った「助六寿司」の名前の由来は？
問112 マグロの海苔巻きはなぜ「鉄火巻」と呼ぶのか？
問113 階段の途中のスペースをなぜ「踊り場」というのか？
問114 結婚式や宴席で渡す手土産をなぜ「引出物」というのか？……159
問115 和風料理の味つけの順序「さしすせそ」の「そ」は醤油である
問116 「海藻と海草」は形状のちがいで分類されている
問117 「そうめんと冷や麦」は製造工程と太さで分けている
問118 「クッキーとビスケット」は原材料のちがいで～
問119 「ウインナーとフランクフルト」は太さで～
問120 「マカロニとスパゲッティ」は麺の長さで分けている……161
第3章採点表……163　雑学王への道……164

第4章 高校大学レベルは目標8割クリア
手ごたえずっしり！上級編

問1 キャンディ菓子「チュッパチャプス」のロゴのデザインをした画家はだれ？
問2 パソコンのマウスを動かしたときの移動量の単位は～
問3 太刀魚の体を覆っている銀色の色素は何に使われているか？
問4 コンビニのおでんが一番よく売れるのは何月か？……167
問5 花火大会で打ち上げられる三尺玉は、上空で開いたときの直径はどのくらいになるのか？
問6 医師の手術衣や手術室の色が青みがかったグリーン系なのはなぜか？
問7 その発光のしくみから「冷光」とも呼ばれる生物はなにか？
問8 イルカはどうやって砂に埋まった獲物を見つける？……169
問9 海外では「犬のワルツ」「ノミのマーチ」などと呼ばれる曲の日本語名は？
問10 有名人をつけ回して写真を撮る「パパラッチ」の語源となった映画は？
問11 アメリカ映画でさまざまな事情で監督名を出せなくなったとき、監督のクレジットは～
問12 演劇などの舞台の用語で「ゲネプロ」とはどんな意味？……171
問13 服装などが華美なことをいう「派手」の語源はなに？
問14 「野次馬」とはもともとはどんなウマをさした？
問15 「ろれつが回らない」の〝ろれつ〟とはなんのこと？
問16 「切羽詰まる」の〝切羽〟とはなんのこと？……173
問17 次の漢字（動物名）はなんと読む？
問18 次の漢字（昆虫名）はなんと読む？
問19 次の漢字（植物名）はなんと読む？
問20 次の漢字（植物名）はなんと読む？……175

問21 カルピスのパッケージにある水玉模様は何をイメージしている？
問22 インスタントラーメンの粉末スープを火を止めてから入れるのはなぜ？
問23 次の料理道具のうち、人の名前が語源とされるのは？
問24 洗面所などの排水パイプがSの字に曲がっているわけは？……177
問25 碁盤の脚はクチナシの実を模し、対局に口出し無用の意味がある
問26 江戸の町火消しが振るう纏の丸い飾りはケシの実を模したもの
問27 「ヱビスビール」は東京・恵比寿で生まれたから名前が付いた
問28 レオタードの語源は中世の騎士がはいていたタイツである
問29 高級ブランドのエルメス、グッチはもとは馬具を作っていた
問30 ホットドッグはもともと犬のおやつ用に考案された……179
問31 正四面体、正六面対など、正多面体とよばれるものは何種類あるか？
問32 ある数の約数をすべて足した和が、ある数に等しいとき、その数を数学の世界ではなんと呼ぶか？
問33 1の位以下の数の単位を漢字で示すと分・厘・毛・糸……と小さくなっていく。10のマイナス16乗を瞬息といい〜
問34 3つの整数の和が3となる場合の数は〈1、1、1〉の1通りしかない。3つの整数の和が4となる場合の数は〜……181
問35 大相撲の仕切りで「制限時間いっぱい」とは何分なのか？
問36 大相撲で「取組」が決められるのはいつ？
問37 相撲の世界で「ソップ」と呼ばれるのは？
問38 相撲の世界で「エビスコ」呼ばれるのは？……183
問39 ボクシングなどの練習に使われるサンドバッグの中身はなに？
問40 タイガー・ウッズの〝タイガー〟という名前はニックネーム？
問41 鉛筆の芯の記号のHはHARD（硬い）、BはBLACK（黒い）だが、真ん中のFは〜
問42 日本の鉛筆メーカーでは芯の記号で何種類の鉛筆を販売しているか？……185
問43 畳の寸法は京間、中京間、江戸間の3種類である
問44 自動車のガソリンの給油口はマフラーのある側にある
問45 洋菓子のエクレアのもとの意味は「いなずま」である
問46 利久煮、利久揚げなど「利久」の名がつく料理はゴマを使う
問47 食用の「SPF豚」とは無菌状態で育てられた豚のこと
問48 ドイツのキャベツ料理ザワークラウトは酢とキャベツだけで作る
問49 作家・太宰治を偲んで命日に行われる催しをなんというか？……187
問50 葛飾北斎の浮世絵風景画の代表作『富嶽三十六景』は、全部で何枚の絵があるか？

問51 世界的に有名な浮世絵春画『歌まくら』を描いたのはどっち？
問52 19世紀後半、日本の浮世絵に大きな影響を受けたとされる画家は？……189
問53 新世代光ディスク「ブルーレイディスク」のスペルで正しいのはどれ？
問54 億万長者が利用する租税回避地、いわゆる〝タックスヘイブン〟のスペルは？
問55 大学などで使われる「101」という英語はどんな意味か？
問56 「プラスアルファ」がなぜ〝それ以上の何か〟の意味を持つのか？……191
問57 旅先でも温暖化抑止のためアイドリングストップを実行
問58 ゲームセンターで遊ぶためゲームアーケードをさがす
問59 ホテルのスイートはカップルが甘い時間を過ごすから sweet room
問60 のどが乾いてサイダーを飲みたくなったのでpopを注文した
問61 ベビーカーに子どもを乗せてスーパーで買い物しよう
問62 キーホルダーをなくしたのでフロントに伝えにいく……193
問63 一般に日本三大珍味といわれるのは、「塩ウニ」「からすみ」と、もう一つはなに？
問64 世界三大珍味とは、「キャビア」「フォアグラ」と、もう一つはなに？

問65 世界三大スープとは、タイ料理の「トム・ヤンクン」、ロシア料理の「ボルシチ」と～
問66 海外の有名観光地で俗に「世界三大がっかり」といわれる場所は～……195
問67 次のうちナス科ではない野菜はどれか？
問68 摂り過ぎるとかえって体を害するとされるビタミンはどれ？
問69 「ルネッサンスの三大発明」に含まれていないものはどれ？
問70 次のうち、もともとがロシア語でないものはどれ？……197
問71 食用にされる肉の隠語で「桜」はウマ、「牡丹」はイノシシ、では「紅葉」はなに？
問72 フランスで「マドモアゼルの指」と呼ばれる食べ物は～
問73 「虫が知らせる」のはどんな虫？
問74 「くだを巻く」の〝くだ〟とはなに？……199
問75 春の恒例、「花見」はいつごろから始まったのか？
問76 日本最初の人材派遣業はいつごろ始まったか？
問77 日本で最初に地下鉄が走った区間は？
問78 日本で最初の駅弁は何駅に登場したか？……201
問79 映画『バック・トゥ・ザ・フューチャー』では車がタイムマシンとして活躍するが、当初は～
問80 映画『となりのトトロ』は当初の設定では、主役の女の子は一人の予定だった
問81 TBSのテレビ番組『世界ウルルン滞在記』の題

名は、涙がウルウルするような感動体験を～
問82「日清焼きそばU・F・O・」のネーミングはピンクレディーの大ヒット曲にあやかって付けた……203
問83 スナック菓子で知られるカルビーの社名は、カルシウムの「カル」とビタミンB_1の「ビー」を～
問84 コンビニの「ローソン」の看板にミルク缶があるのは～
問85 カフェオレとカフェラテは、呼び方がちがうだけで同じ飲み物である
問86 コンビニで必ず窓側に雑誌コーナーがあるのは犯罪抑止効果を考慮している……205
問87 テレビでおなじみ水戸黄門の〝黄門〟はどういう意味か？
問88「新撰組」が制服を作る際にモデルにしたといわれるのは？
問89 神社に置かれている狛犬は、もともとはどんなイヌ？
問90 日本酒には「○○正宗」という名前が多いが、そのきっかけはなに？……207
問91 日本で最初にゴルフコースができた場所はどこか？
問92 相撲で「星取り表」といえば勝敗表のこと、では相撲界の隠語で「金星」とは？
問93 サッカーのワールドカップ予選の試合をきっかけに戦争が起きた国は？
問94 中世ヨーロッパで「イタリア病」や「フランス病」と呼ばれた病気とは？……209
問95 映画の都ハリウッドの山の中腹には「HOLLYWOOD」の白い巨大文字がある～
問96 インドのムンバイはインド映画産業の中心地だが、通称なんと呼ばれているか？
問97 トランプは暦に深い関係があるという。カードは4種類13枚ずつで計52枚だが、この52という数字は～
問98 トランプの4つのマークにも意味があり、ハートは聖杯の形で僧侶を、スペードは剣の形で～……211
問99 犯罪捜査において初めて人の指紋を利用した国は日本である
問100 インスタントコーヒーを発明したのは中国人である
問101 長距離旅客機のパイロットは機長と副操縦士では機内食が異なる
問102 マヨネーズは保存料を使わないが常温でも腐らない
問103 防衛大学校の生徒には給与と年2回のボーナスも～
問104 海上自衛隊の「イージス艦」のイージスとは「楯」のこと……213
第4章採点表……215
雑学王への道……216

第5章 大学院レベルを卒業したら雑学王！ さらなる高みへ！ 特級編

問1 手足のないダルマがなぜ家運隆昌の縁起物になったのか？
問2 鬼といえば角と虎皮のパンツがつきものだが、これのいわれは？
問3 寿司はなぜ一貫二貫と数えるのか？
問4 欧米ではなぜお墓に「花輪」を供えるのか？……219

問5　英語で動物の鳴き声を表現するとき、ネコはmeow、イヌはbowwowと書く。では馬の～
問6　「あとでね」を意味するメール用の略語はどっち？
問7　英語で週末がきた喜びを表す表現は？
問8　IMOはどんな意味を表す略語か？……221
問9　NASAで「21世紀の主食になる」と発表されて有名になった雑穀はどれ？
問10　静かな場所で耳の穴に指を突っ込むとゴーッと音がするが、これはなんの音？
問11　ムササビの子はどうやって飛行技術を覚えるのか？
問12　次のうち本当にいるアリはどれ？……223
問13　相手に惚れたときの「くびったけ」と「ぞっこん」を漢字で書くと？
問14　おみやげに買う「ういろう」と「みたらしだんご」を漢字で書くと？
問15　「峠」「畑」「凪」など、中国にはなく日本で考え出された漢字をなんというか？
問16　ふれてはいけない「逆鱗」とはどこに生えているのか？……225
問17　12345679×1×9＝111111111、12345679×2×9＝222222222である。この法則にしたがって～
問18　11×11＝121、111×111＝12321、1111×1111＝1234321である。この法則にしたがって～
問19　漢字で表わす数の単位で最大のものを「無量大数」というが、その一つ下の単位はなんというか？
問20　16世紀に「＝」をイクォールを意味する記号に選んだ数学者は、その理由として～……227
問21　大相撲の行司のかけ声「ハッケヨイ！」はなにを意味している？
問22　相撲の土俵にはなぜ「徳俵」が4つある？
問23　マラソンコースの42・195キロは、現在どうやって計測しているか？
問24　スキーのジャンプ競技の「K点」とはどんな意味か？……229
問25　脳そのものは痛みをまったく感じない
問26　ラッコは貝を割ったあと石を自分のポケットにしまっておく
問27　NASAの宇宙飛行士はフライトのたびに遺書を書くことを義務づけられている
問28　船出の見送りに使われる紙テープの発案者は日本人である……231
問29　イタリアのルネッサンス期に活躍した芸術家といえば、レオナルド・ダ・ヴィンチ、ミケランジェロと～
問30　日の出を描いたモネの絵から名付けられた芸術運動とは？
問31　シェークスピアの「ロミオとジュリエット」の恋愛は実質何日間だったか？

問32 映画『ローマの休日』の監督ウィリアム・ワイラーはワンシーンを何十回も撮り直すことで有名だったが、あの作品で例外的に1テイクで撮れたシーンは？……233
問33 キリスト教の神父と牧師はどうちがうのか？
問34 沈没したタイタニック号の唯一の日本人生存者はある有名人の祖先だが、関係の深いことばはどれ？
問35 織田信長が「桶狭間の戦い」の出陣前に行ったといわれているのは？
問36 現在のランドセルの形を定着させるきっかけをつくった人物は？……235
問37 そばは昼夜の寒暖差が大きく、霧がかかりやすい土地でおいしい実が育つという。そうした土地で〜
問38 日本名が「カメムシソウ」というカレーの原材料は？
問39 「魚介類」という字はなぜ「魚貝類」と書かないのか？
問40 石川県金沢市の名物となっている「ハントンライス」の〝ハントン〟ってなに？……237
問41 中央競馬の騎手が着る勝負服の色や柄はどう決められているのか？
問42 鹿島○、相模○、播磨○、周防○、玄界○。この地名の最後にくる共通する漢字は？
問43 4月10日は「女性の日」だが、これは何を記念して〜
問44 アメリカ本土では時差により4つの時間が使われているが、中国ではいくつか？……239
問45 墜落の危機や非常事態のとき、パイロットが「メイデー、メイデー！」と無線で叫ぶが、あの意味は？
問46 突然の恐怖や恐慌をきたす「panic（パニック）」の語源はなにか？
問47 疑問符に使われる「？」マークの起源はなにか？
問48 気合いや根性を意味する日本語にもなっている「ガッツ」とは、もともとはなに？……241
問49 「土壇場」とは川岸の土手っぺりのことである
問50 「元の木阿弥」の〝木阿弥〟は人の名前である
問51 「白羽の矢が立つ」とは鬼に指名されることである
問52 「打ち合わせ」も「打ち上げ」も雅楽の音楽用語である
問53 「牛耳る」とは牛の耳の血を飲むことからきている
問54 「手ぐすねを引く」の〝手ぐすね〟とは革手袋のことである……243
問55 ダ・ヴィンチの『モナ・リザ』の絵から、モナ・リザの健康状態について指摘されていることは？
問56 出産後一週間以内の初乳には高濃度のタウリンが含まれている。これはなんのため？
問57 ビタミンBには、B_2、B_6など数字がついているが、なぜB_3やB_4はないのか？
問58 ハンドクリームなどの成分表に見られる「尿素」とは、どうやって生成しているか？……245
問59 外国の裁判所にある正義の女神像の多くは目隠しをしているが、日本の最高裁判所にある〜
問60 日本銀行券のお札のもっとも古い図柄はなに？

問61 除夜の鐘といえば日本では108回つくが、韓国では何回つくか？
問62 ウィーンにある世界遺産・シェーンブルン宮殿は、公開されている2階以外の部分は〜……247
問63 釣り人が「太公望」と呼ばれるのは、太公と呼ばれる人物が釣り好きだったから
問64 空から見下ろした図は「鳥瞰図」、海から海底の地形を見下ろした図は「鯨瞰図」という。
問65 映画版『チャーリーズ・エンジェル』で銃が使われなかったのは主演女優が銃を怖がったため
問66 「目からウロコが落ちる」の出典は仏教の法華経にある
問67 仏像の額にある丸い突起物は、巻き毛がまとまったものである
問68 ピアノの鍵盤が白と黒になったのは、白い象牙に合わせて素材を選んだ結果である……249
問69 「夢に悪魔が現れて演奏した」というエピソードで知られる、タルティーニ作曲のソナタの曲名は？
問70 青年期の作風を「青の時代」と「バラ色の時代」と呼ばれるスペイン生まれの画家はだれ？
問71 池の睡蓮の絵を多数描いたのはモネ、では「サント-ヴィクトワール山」の連作を残した画家といえば？
問72 ノルウェーの画家ムンクの代表作『叫び』の絵の中には、本人が書いたとされる落書きが〜……251
第5章採点表……253　雑学王への道……254

第1章

お受験レベルで定番をおさらい

まずはここから！入門編

雑学クイズは、「国語」「社会」「英語」「算数」「理科」「芸術」「家庭」「保健体育」の8科目から出題されます。「算数」は広い意味で数に関連した雑学、「芸術」は音楽、美術、芸能、映画やマンガなども含みます。厳密にジャンル分けしているわけではないので、まずは気楽にトライしてください。

三択クイズ・正しいのはどれ？

国語

問1 「ひやかす」の語源となった職業は？

A 鍛冶《かじ》屋
B 染物屋
C 紙《かみ》漉《す》き屋

問2 まずい魚や魚料理のたとえに使われることばは？

A ねこおろし
B ねこまたぎ
C ねこまんま

問3 次のうち人名が語源になっていないものはどれ？

A 市松模様
B 兵児《へこ》帯
C 備長炭

問4 歌舞伎役者の世界を別名でなんという？

A 梨園
B 桃園
C 紫園

答えはコチラ

問1 答え　C 紙漉き屋

江戸の頃、浅草山谷あたりに紙漉き業者が多く、紙の原料を冷やしている間、職人たちは近くの吉原の遊郭へ行って遊女を見て歩いた。そこから買う気もないのに店の品物を見て歩くようなことを「ひやかす」というようになり、のちに「からかう」の意味も加わった。

問2 答え　B ねこまたぎ

ネコもまたいで行ってしまうほどまずいということ。ねこおろしは、ネコがごはんを食べ残すことをいう。

問3 答え　B 兵児帯

兵児《へこ》帯は薩摩（鹿児島地方）の兵児（15～25歳の男性のこと）が締めていた帯が由来。Aは歌舞伎役者の佐野川市松から。Cは地名と勘違いしそうだが、紀州の炭問屋・備中屋長左衛門が考案、販売したことが名前の由来。

問4 答え　A 梨園《りえん》

唐の玄宗《げんそう》皇帝が梨の木のある庭園で、みずから音楽・舞踊を教えたという故事からきている。

三択クイズ・正しいのはどれ？

社会

問5 上野の西郷さんの銅像が犬を連れているわけは？

A 愛犬と散歩の途中の姿
B 拾った犬を連れて帰る姿
C 犬を連れて狩りに行く姿

問6 日本で最初の電話交換の実験での第一声は？

A 申す申す
B おいおい
C ハロハロ

問7 昔の武士が前頭部を剃り上げていたのはなぜ？

A 当時の流行
B 身分を示すため
C 主君への忠誠

問8 鎌倉の大仏はなぜ屋外でむき出しなのか？

A もともと屋外参拝用に作られた
B 大仏殿があったが津波で流された
C 大仏殿建設の寄付が集まらなかった

答えはコチラ

問5 答え C 犬を連れて狩りに行く姿

ウサギ狩りに行く西郷さんの姿だといわれる。左の腰には狩り用の縄の束がくくりつけられている。

問6 答え B おいおい

東京で行われた最初の電話交換実験を伝える当時の新聞によれば、第一声は相手へ「おい、おい」と呼びかける声だった。現在の「もしもし」は「申す」からきた呼びかけのことばで、電話交換手の多くが女性になった明治35年頃から一般化したとされる。

問7 答え C 主君への忠誠

前頭部を剃るのは「月代《さかやき》」といい、戦争で兜《かぶと》をかぶるとき蒸れないためのスタイル。武士はイザというときいつでも出陣の用意があることを月代で示したが、江戸時代には町人にも広まった。

問8 答え B 大仏殿があったが津波で流された

建立当時は巨大な大仏殿があったが台風でたびたび倒壊した。室町時代（１４９５年頃）に大津波で押し流されてからは屋外でむき出しのままとなっている。

○か×で答えてください

英語

問 9
遭難信号「ＳＯＳ」は「Save our ship 我らが船を救え」の略。

問 10
給料を意味する「サラリー（salary）」はもともとは小麦をさした。

問 11
英語の「アリバイ（alibi）」には「言い訳」の意味がある。

問 12
競馬のジョッキーとディスクジョッキーの「ジョッキー」のスペルは同じ。

問 13
「サンドイッチ」は最初に客に出したパブの名前から付いた名。

問 14
「マスクメロン」は網の目がマスクのように見えるから付いた名。

答えはコチラ

問9 答え ×

「送信しやすく間違えにくい信号」として選ばれたモールス信号で、アルファベットにするとSOS。設問文は俗説。

問10 答え ×

古代ローマで兵士の給料として「塩(sal)」が支給されたことから、給料をラテン語で「サラリウム（salarium）」といった。

問11 答え ◯

現場不在証明と訳されるアリバイには「言い訳」や「口実」の意味もある。もとは「別の場所に」を意味するラテン語。

問12 答え ◯

どちらもスペルはjockey。騎手は馬を操る人、ディスクジョッキーはレコードを操る人だ。

問13 答え ×

カード賭博が好きなイギリスのサンドイッチ伯爵が、ゲーム中にも手軽に食べられる食事として考案した。

問14 答え ×

マスクメロンは「muskmelon」と書き、musk は香水にも使われる「じゃこう」の香りのこと。

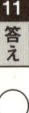

どっちが正しい？ 記号で答えてください

英語

問15 〝フリマ〟と通称されるフリーマーケットのもとの意味は？

ア Flea market で「蚤《のみ》の市」

イ Free market で「自由市」

問16 アメリカで『ポケモン』をポケットモンスターと呼ばない理由は？

ア 同名のペット用動物がいた

イ ひわいな意味のニュアンスをさけた

問17 海外のホテルで「モーニングコール」をお願いするときは？

ア morning call を頼む

イ wake-up call を頼む

問18 「ボイコット」の語源は？

ア 抗議行動を起こされた人物の名前

イ 抗議行動を起こした人物の名前

答えはコチラ

問15 答え　ア

露天で安物や（ノミのわきそうな）古物を売る「蚤の市」のことで、Flea market が正しい表記。Free market だと自由市場という経済用語になってしまう。

問16 答え　イ

アメリカの俗語では Pocket Monster に〝男性器〟を連想させるニュアンスがあり、また「Monster in My Pocket」という別の玩具の商標登録があったため、英語圏では Pockemon に名称統一されたという。

問17 答え　イ

宿泊者を電話で起こすサービスは英語では wake-up call。morning call は和製英語で、英語では〝朝の公式訪問〟という意味になってしまう。

問18 答え　ア

19世紀アイルランドの土地管理者チャールズ・ボイコット（Charls Boycott）が語源。年貢の取り立てで小作人と揉め、村人全員から〝ボイコット〟を喰らった。

どっちが正しい？ 記号で答えてください

算数

問19 数字のゼロが発明されたのはどこの国？

ア エジプト

イ インド

問20 メートルの単位はなにをもとにして作られたか？

ア 地球の子午線の長さ

イ メートル博士の座高

問21 1週間はなぜ7日になったのか？

ア 畑仕事を7日ずつ区切っていた

イ 天地創造が7日間で行われたから

問22 一番美しい比率といわれる黄金比1対1・6が用いられているのはどっち？

ア ピラミッド

イ 奈良の大仏

答えはコチラ

問19 答え イ

７世紀に「ゼロ」の概念がインドで確立された。現在の算用数字はインド数字をもとにアラビアで生まれ、ヨーロッパに伝わったもの。

問20 答え ア

１７９１年にフランスの科学アカデミーで「地球の北極から赤道までの子午線の長さの１０００万分の１」をメートルの基準として制定。子午線計測のために実際の測量も行われた。

問21 答え イ

神は６日間で世界を創造し７日目を安息日に定めたという旧約聖書の記述に基づく。これは西洋暦の考え方で、中国や日本では月のみちかけをもとに暦を作った。

問22 答え ア

クフ王のピラミッドの高さは１４６・７メートル、底辺が２３０メートルで比率は約１対１・６である。黄金比（近似値１対１・６１８）は最も美しい比率と呼ばれ、パルテノン神殿やミロのビーナス像のほか、名刺やはがきにも用いられている。

どっちが正しい？ 記号で答えてください

理科

問23 雲の切れ目から太陽光が放射状に注ぐ現象をなんという？

ア マリアの階段
イ ヤコブの梯子《はしご》

問24 地球の大気へのメタンガス放出量の1位を占めるのは？

ア 牛のゲップ
イ ゴミ廃棄場のガス

問25 世界共通で用いられている星座名の数は？

ア 88星座
イ 128星座

問26 胃から出る消化液に含まれているのは？

ア 塩酸
イ 酢酸

問27 カニやエビをゆでると赤くなるのは？

ア 血液が体表で固まるから
イ 体内の色素が熱で変化するから

問28 海や湖の水が青く見える現象の名は？

ア チルチン現象
イ チンダル現象

答えはコチラ

問23 答え　イ

イエスの使徒ヤコブが夢に見た光景にちなんでいる。「天使の梯子」ともいう。

問24 答え　ア

世界中の牛たちのゲップから放出されるメタンガスの総量は、大気中の全メタンガスの25%にもなる。

問25 答え　ア

１９３０年に国際天文学連合が定めた星座の数は88個で、これは世界共通。

問26 答え　ア

胃液の大部分は強い酸性の消化液（胃酸）で、化学的にはpH１～１・５の塩酸。消化や各種の菌の殺菌を行う。

問27 答え　イ

カニやエビの殻に大量に含まれるカロチノイドという色素が、熱分解されて赤く変化する。

問28 答え　イ

水中の微粒子が起こす光の散乱現象で、波長の長い光は吸収され、波長の短い青い光だけが散乱光となって水を青く見せる。

三択クイズ・正しいのはどれ？

社会

問29 マラソンの名前の由来となった都市はどこにある？

A イタリア

B ギリシャ

C フランス

問30 紅茶の発祥の地はどの国か？

A イギリス

B インド

C 中国

理科

問31 ノーベル賞に名を残すアルフレッド・ノーベルはなにを発明したことで知られる？

A ダイナマイト

B アスピリン

C ロケットエンジン

問32 史上初めて2度ノーベル賞を受賞した人はだれ？

A トーマス・エジソン

B キュリー夫人

C グラハム・ベル

答えはコチラ

問29 答え　Ｂ　ギリシャ

紀元前４９０年、ペルシャの大軍を撃退した「マラトンの戦い」での勝利を伝えるため、マラトンからアテナイ（現アテネ）まで兵士が走った故事に基づき、マラソン競技が生まれた。

問30 答え　Ｃ　中国

中国は緑茶や烏龍茶、紅茶など世界の茶の発祥の地。イギリスに茶が伝わったのは16～17世紀頃で、18世紀には独自の紅茶文化を作り上げた。

問31 答え　Ａ　ダイナマイト

ダイナマイトは土木工事で岩盤破壊などの効率を高め、広く普及したが、戦争にも使用されるようになり本人は非常に悲しんだという。ノーベル賞は氏の遺言により創設され、１９０１年から授賞を開始した。

問32 答え　Ｂ　キュリー夫人

１９０３年に夫婦でノーベル物理学賞を受賞し、１９１１年には単独でノーベル化学賞を受賞した。発明王エジソンは一度もノーベル賞をとっていない。グラハム・ベルは電話の発明・特許で知られる。

三択クイズ・正しいのはどれ？

芸術

問33 60年代に全米で百万枚を超える大ヒットを記録した日本の歌の英語名は？

A サヨナラ（SAYONARA）
B フジヤマ（FUJIYAMA）
C スキヤキ（SUKIYAKI）

問34 音楽の三要素といわれるのは、メロディー（旋律）、リズム（律動）と、もう一つは？

A テンポ
B ハーモニー
C スイング

問35 子ども用カスタネットが青と赤のツートンカラーのわけは？

A 男女兼用にしてある
B 高音・低音で色分け
C 紛失防止のため

問36 音楽の演奏で、二重奏はデュエット、四重奏はカルテット、では五重奏は？

A フィフテット
B クロステット
C クインテット

答えはコチラ

問33 答え　C　スキヤキ

坂本九が歌った『上を向いて歩こう』（中村八大作曲、永六輔作詞）で、１９６１年にＮＨＫテレビ「夢であいましょう」で発表され大ヒット。ヨーロッパでも大ヒットし、63年にはビルボード誌で３週連続全米１位となり、ミリオンセラーを記録した。

問34 答え　B　ハーモニー

メロディー、ハーモニー、リズムの三要素で音楽は「時間の芸術」となる。ただしこれは西洋音楽の概念でアジア・アフリカ音楽はこの概念に収まりきらない。

問35 答え　A　男女兼用にしてある

赤と青の板をゴムでくくった子ども用カスタネットはミハルスといい、日本の女性舞踊家がカスタネットをもとに考案したもの。当初女子用を赤、男子用を青としたが、「おさがりが使えない」という父兄の意見で赤青２色使いの男女兼用になった。

問36 答え　C　クインテット

ちなみにほかは、三重奏＝トリオ、六重奏＝セクステット、七重奏＝セプテット、八重奏＝オクテット、九重奏＝ノネット、十重奏＝デクテットという。

三択クイズ・正しいのはどれ？

問37 サッカーの試合で1人で3得点する「ハットトリック」の由来となった競技は？

A クリケット
B ホッケー
C 帽子投げ

問38 ラグビーのボールはなぜ楕円《だえん》形をしているのか？

A 豚の膀胱《ぼうこう》のかたちを真似た
B 牛の胃袋のかたちを真似た
C 抱えて走りやすいから

保健体育

問39 衛生用品の表示で、次のうち消毒効果がいちばん高いのは？

A 除菌
B 滅菌
C 殺菌

問40 次のうち「献血ができる」条件の人は？

A 出産して5か月の赤ちゃんがいる
B 足をヤケドして治療中だ
C おととい16歳になった

答えはコチラ

問37 答え　**A　クリケット**

クリケットは野球の原型となったイギリスの競技で、続けて3人アウトにした投手には記念の帽子が贈られた。これが「ハットトリック（帽子技）」と呼ばれるようになり、同じイギリスで発祥したサッカーでも使われるようになった。

問38 答え　**A　豚の膀胱を真似た**

軽くて飛ぶボールを作れないかと頼まれた靴職人が、豚の膀胱をチューブにして作ってみたのがきっかけ。楕円形が予想外の面白さを生んで、その後公式球になった。

問39 答え　**B　滅菌**

「滅菌」とは熱や薬品の力ですべての細菌類を死滅させて無菌状態にすること。医療用具などは滅菌される。「殺菌」は熱や薬品で人体に有害な細菌を死滅させること。「除菌」は細菌の全体数を減らすこと。

問40 答え　**C　おととい16歳になった**

献血可能な人の条件は、年齢（16歳から69歳まで）や体重、血圧、過去の病歴、海外旅行歴、妊娠歴、輸血歴、現在治療や投薬を受けているかなど、かなり細かい基準がある。

○か×で答えてください

社会

問41 鉛筆の軸には国産の杉の木が使われている。

問42 一級河川と二級河川は水質によって区別されている。

問43 飛行機の出発時刻とは車輪が地面を離れたときである。

国語

問44 右手を上げた招き猫は「お金」を招き、左手を上げた招き猫は「人」を招く。

問45 神社に納める「絵馬」はもともとは本物の馬を納めていた。

問46 ごはんのことを「シャリ」というのはお釈迦様の骨からきている。

答えはコチラ

問41 答え ×

国内メーカーの鉛筆の軸はアメリカ産のインセンスシダーという木を輸入して使っている。

問42 答え ×

国土の保全や経済上とくに重要な河川として国土交通大臣が指定したものを一級河川といい、水質や環境は関係ない。

問43 答え ×

正しくは飛行機の車輪が動き始めたとき。このときから着陸後車輪が停止するまでをブロックタイムという。

問44 答え ◯

本来は右手上げだが、千客万来を願って左手上げが客商売関係で広まった。遊女の手招きが由来ともいう。

問45 答え ◯

古くは「神馬《しんめ》」といって生きた馬を神様に奉納したが、木馬に変わり、やがて馬の絵を描いた額絵やお札を納めるようになった。

問46 答え ◯

釈迦の遺骨を仏舎利《ぶっしゃり》や舎利といい、白く小さい様子が米粒と似ていることから。

どっちが正しい？ 記号で答えてください

家庭芸術

問47 「子持ち昆布」の「子」はなんの子か？

ア ニシンの卵

イ カニの卵

問48 「たらちり」「ふぐちり」などの〝ちり〟ってなに？

ア 鍋をかける炭火のちりちり燃える音

イ 魚の身がちりちりっと縮むから

問49 TVドラマにもなった『のだめカンタービレ』の〝カンタービレ〟の意味は？

ア「泣きたい気持ちで」

イ「歌うように」

問50 「アカペラ」の正しい意味は？

ア「教会風に」の意味のイタリア語

イ「みんなで合唱する」という意味の英語

答えはコチラ

問47 答え　ア

小さな卵はニシンの子、つまり「数の子」。ニシンの卵には粘着性があり海草に付着する特性を持つ。この卵付きコンブをそのまま採取したものが子持ちコンブだ。

問48 答え　イ

具材を熱い湯にくぐらせながら食べるのがちり鍋。新鮮な切り身を入れると身がちりちりと縮むことから名が付いた。

問49 答え　イ

西洋音楽用語は基本的にイタリア語で、カンタービレは楽譜に指示される演奏記号（発想記号）の一つ。

問50 答え　ア

アカペラ（a cappella）は「教会風に（礼拝堂風に）」の意味。楽器の伴奏なしの合唱曲やそのスタイルをさし、無伴奏での独唱の意味でも使う。

どっちが正しい？ 記号で答えてください

保健体育

問51 野球の左打者は多いのに、なぜプロゴルファーには左打ちが少ない？

ア 左利きの指導者が少ない

イ スライスしすぎるから

問52 血圧はなぜ上腕で測るのか？

ア 測定具をとりつけやすい

イ 心臓の位置に近いから

問53 視力検査に使うアルファベットのCに似た記号をなんという？

ア ランドルト環

イ フンボルト環

問54 化粧品の使用期限の表示はどう規定されている？

ア 使用期限の表示は必要ない

イ 販売員だけがわかる記号がある

答えはコチラ

問51 答え ア

左打ちはゴルフ人口の3〜4%といわれ、「左利きの指導者がほとんどいない、コースが右利き用に設計されている、左用の用具が少ない」という不利な条件が多いため、プロは育ちにくい。

問52 答え イ

血液ポンプである心臓の位置より、測る場所が低ければ、重力の関係で数値は高くなり、逆に心臓より高い位置で測ると数値は低くなる。正確な測定のために心臓とほぼ同じ高さの上腕で測る。

問53 答え ア

Cに似た記号を使った視力表はフランスの眼科医ランドルトが考案したもの。その名をとってこの記号は「ランドルト環」と呼ばれる。

問54 答え ア

化粧品は、未開封で正しく保管されている場合3〜4年は品質に問題ないとされており、使用期限表示はしていない。ただし「通常の保管条件下で3年以内に変質するもの」に対しては表示が義務づけられている。

どっちがホント？ 記号で答えてください

理科

問55 なぜ時計の針は右回りなのか？

ア 日時計を参考にした

イ 右利きの人が調整しやすいように

問56 ラクダのコブにはなにが詰まっている？

ア 水分

イ 脂肪

問57 メスが出産するとき、助産婦のような行動をするという動物は？

ア ラッコ

イ セイウチ

問58 地上で最も背の高い動物・キリンはどうやって出産する？

ア 立ったまま産み落とす

イ 岩や木に座って産む

答えはコチラ

問55 答え ア

機械式時計が発明されたのは地球の北半球。それ以前の時計といえば日時計で、北半球では日時計の影は右回りに動き、目盛りも右回り。機械式時計を作るときも自然と右回りを採用することになった。

問56 答え イ

コブに蓄えられた脂肪は強烈な日差しに対する絶縁体となって内臓を守り、食料がないときはエネルギー源に、水がないときは、酸素を結合させて水に変えることができる。

問57 答え ア

ラッコは出産に間近で立ち会い、赤ちゃんを引っぱり出すような行動をすることもある。ほかにイルカも仲間の出産をサポートする姿が見られる。

問58 答え ア

立ったままのお産で、地上1・5～2メートルから落とされる衝撃で赤ちゃんの最初の呼吸が促されるという。母親の長い脚で囲まれ、外敵に襲われにくいという利点もある。

どっちが正しい？ 記号で答えてください

英語

問59 社会奉仕団体「ライオンズクラブ」とライオンの関係は？

ア 百獣の王のように家族と社会を守る

イ 動物のライオンとは関係ない

問60 数字の7をなぜラッキーセブンというようになった？

ア 野球の試合で7回に逆転が多かったから

イ 7人の小人が白雪姫を救ったから

問61 ニューヨークの別名をニックネームでいうと？

ア Red Apple

イ Big Apple

問62 西洋では「Adam's apple＝アダムのリンゴ」と呼ばれる体の部位を日本ではなんという？

ア のどぼとけ

イ あばら骨

答えはコチラ

問59 答え　イ

シカゴに本拠を置く「ライオンズクラブ」の名称は「自由を守り知性を重んじ、われわれの国の安全をはかる」という意味の“Liberty, Intelligence and Our Nation's Safety”の頭文字からとった「LIONS」である。

問60 答え　ア

元来西洋では7は幸運の数字。１９３０年代にアメリカのメジャーリーグの試合でたびたび7回に逆転のドラマが生まれ、「ラッキーセブンス」といったことから広まったというのが通説。

問61 答え　イ

いくつか説があるが、地方巡業中のジャズ・ミュージシャンが飛行機からニューヨークの街を眺め、その形が巨大なリンゴに似ていたことから〝ビッグアップル〟と呼び始めたというのが通説。

問62 答え　ア

アダムが禁断の木の実を食べたとき、その一片がのどにつかえたという旧約聖書の話から。のどぼとけは喉頭隆起ともいう。

三択クイズ・正しいのはどれ？

国語

問63 「弘法も筆のあやまり」のたとえにも出される、弘法大師があやまった字とは？

A 「捧」の字の横棒

B 「應」の字の点

C 「尊」の字の点

問64 「さじを投げる」の語源となった職業は？

A 医者

B 料理人

C 花火師

問65 「年寄りの冷や水」の〝冷や水〟はなにをさしていた？

A 朝早く井戸水を浴びること

B 隅田川の水を飲むこと

C 江戸湾での寒中水泳のこと

問66 「とどのつまり」の〝とど〟とは何か？

A 海の動物のトド

B 「とうとう」が詰まったもの

C 魚の名前のトド

答えはコチラ

問63 答え B「應」の字の点

弘法大師（空海）は京の都の應天門にかかげる書を頼まれ、書き上げて額を打ち付けたあと「應」の点が足りないことに気づいた。大師はおもむろに筆を投げつけ、見事に点を打ったという。

問64 答え A 医者

このさじは漢方薬などの薬を調合する匙のことで、〝手の施しようがない〟意味。転じて「断念する」「もうお手上げだ」という意味になった。

問65 答え B 隅田川の水を飲むこと

海が近いため質のいい井戸水の出なかった江戸では「水売り」という商売があり、大川（隅田川）の水も「冷や水や〜」のかけ声と共に売られていたが、腹をこわすことも多かった。

問66 答え C 魚の名前のトド

「とど」とはボラの四歳魚のこと。ボラは出世魚といい、オボコ→スバシリ→イナ→ボラ→トド、となる。トドが成長しきって後がない状態にかけて、「結局、つまるところ」を意味する言い回しができた。

読み方クイズ・動植物編

国語

問67 次の漢字（花の名前）はなんと読む？

(1) 紫陽花（　　　）
(2) 向日葵（　　　）
(3) 蒲公英（　　　）
(4) 女郎花（　　　）

問68 次の漢字（魚の名前）はなんと読む？

(1) 秋刀魚（　　　）
(2) 皮剝（　　　）
(3) 細魚（　　　）
(4) 柳葉魚（　　　）

問69 次の漢字（動物の名前）はなんと読む？

(1) 河馬（　　　）
(2) 海豚（　　　）
(3) 駱駝（　　　）
(4) 土竜（　　　）

問70 次の漢字（鳥の名前）はなんと読む？

(1) 啄木鳥（　　　）
(2) 不如帰（　　　）
(3) 百舌（　　　）
(4) 雲雀（　　　）

答えはコチラ

問67 答え

(1) 紫陽花（アジサイ）
(2) 向日葵（ヒマワリ）
(3) 蒲公英（タンポポ）
(4) 女郎花（オミナエシ）

問68 答え

(1) 秋刀魚（サンマ）
(2) 皮剝（カワハギ）
(3) 細魚（サヨリ）
(4) 柳葉魚（シシャモ）

シシャモはアイヌ語でスス（柳）・ハム（葉）が詰まったスサムが語源。神が川に流した柳の葉が魚に身を変えたという伝説からきている。

問69 答え

(1) 河馬（カバ）
(2) 海豚（イルカ）
(3) 駱駝（ラクダ）
(4) 土竜（モグラ）

問70 答え

(1) 啄木鳥（キツツキ）
(2) 不如帰（ホトトギス）
(3) 百舌（モズ）
(4) 雲雀（ヒバリ）

ホトトギスは多くの異名を持ち、子規、時鳥、杜鵑とも表記する。

○か×で答えてください

理科

問71 サクラもウメもバラ科の植物である。

問72 三毛猫の4分の1はオスである。

問73 おいしい米、コシヒカリのコシは「越《えち》後《ご》」のことである。

問74 床屋の〝赤青白〟の看板はフランス国旗を意味していた。

社会

問75 ジーンズの青い染料はもとは毒蛇・毒虫よけだった。

問76 ティッシュペーパーはどんなに薄くても2枚重ねである。

問77 江戸時代以前の日本で風呂といえば「蒸し風呂」だった。

問78 「ふろしき」は風呂で使われた布から名が付いた。

答えはコチラ

問71 答え ◯

どちらもバラ科の植物。モモやアンズもそうである。

問72 答え ×

遺伝学的にはメスしか生まれない。オスが生まれる確率はおよそ3万分の1である。

問73 答え ×

越後だけではなく「越《こし》の国」（現在の山形〜福井の一部を含む日本海沿岸一帯）をさし、「越の国に光り輝く米」を願って命名された。

問74 答え ×

3色は動脈・静脈・包帯を表し、かつて床屋が客の血を抜いて治療する外科医のような役割をしていた名残り。

問75 答え ◯

インディゴブルーと呼ばれる青い染料はガラガラ蛇や毒虫よけになるとされた。

問76 答え ◯

柔らかな肌ざわりを追求しつつ、生産工程での破損を防ぐには2枚重ねが最善という。

問77 答え ◯

平安時代〜室町時代まで風呂といえば下から蒸気をあてる蒸し風呂のこと。湯をはった浴槽につかる風習は江戸時代から。

問78 答え ◯

江戸時代に登場した湯屋《ゆや》（銭湯）で、客が脱いだ衣類を包んでおいた四角い布を「風呂敷」と呼ぶようになった。

どっちがホント？　記号で答えてください

家庭

問79 緑茶やお茶の葉はみどりなのになぜブラウンを「茶色」という？

ア 番茶の色をさした

イ 紅茶の色をさした

問80 結納や婚姻の席で緑茶を出さないのはなぜ？

ア 緑茶は葬式などの仏事につきものだから

イ 「お茶を濁す」を連想させるから

問81 冷蔵庫の「チルド」と「パーシャル」で、より低温なのは？

ア チルド

イ パーシャル

問82 セーラー服の後ろ襟《えり》はなぜあんなに大きいのか？

ア 頭髪の汚れがつくのを防ぐ

イ 立てて日差しよけにする

答えはコチラ

問79 答え ア

お茶のカテキンは酸化すると褐色になる。また昔は庶民が飲むお茶は番茶がほとんどで、茶葉は黒く、注いだ色も褐色や黄色みをおびていた。緑茶が一般化したのは江戸中期以降。

問80 答え イ

結納《ゆいのう》や婚礼などの慶事では「お茶を濁す」「茶々を入れる」という意味に通じるためお茶の代わりに桜湯（塩漬けした桜の花を入れる）か昆布茶を出すのが慣例。

問81 答え イ

チルドは0℃前後の凍る寸前の冷蔵温度をいい、パーシャルはマイナス3℃前後で外側の水分だけが凍ったような状態になる。いずれも「冷凍」ではない。

問82 答え ア

もとはイギリス水兵の制服。長い航海で水兵の髪は伸び放題汚れ放題になるので、服に汚れがつかないよう大きな襟をつけたという。風が強いときは襟を立てて風よけにして号令の声を聞き分けた。

○か×で答えてください　社会

問83　ドラえもんはロボットなのでおしっこをしない。

問84　リカちゃん人形の本名は「香山リカ」である。

問85　「ロッテ」の社名はゲーテの小説からとられた。

問86　「キヤノン」の社名は観音様のKANNONからきている。

問87　コーヒーチェーンの「ドトール」の名は世話になった医者の名から。

問88　ＪＲの駅売店「キオスク」はトルコ語である。

問89　金メッキなどの「メッキ」はロシア語である。

問90　宝石の「カラット」の単位のもとは木の実である。

答えはコチラ

問83 答え ×

コミックでは過去に一度おしっこ中らしき姿が描かれている。

問84 答え ◯

リカは世界でも通用する日本名として、名字は創業者が女優の香山美子さんのファンだったため。

問85 答え ◯

『若きウェルテルの悩み』のヒロイン名、シャルロッテから。

問86 答え ◯

1934年に発表したカメラに観音信仰のあった創業者が「KWANON（カンノン）」と命名、その後世界に通じるブランド名にと「CANON（キヤノン）」に改名した。

問87 答え ×

ドトールは医者の意味もあるが、正しくは創業者がブラジルで住んでいた通りの名。

問88 答え ◯

Kiosk はトルコ語で「あずまや」の意味。「清く・気安く」利用してほしいと命名。

問89 答え ×

純然たる日本語。昔行われていた焼着法が「滅金」と呼ばれ、そこからメッキの名が残った。

問90 答え ◯

地中海地方原産のケラチオン（keration）というマメ科の木の実から Karat の単位（1カラットは0・2グラム）がつくられたという。

どっちが正しい？ 記号で答えてください

算数

問91 漢字の数の単位で、一、十、百、千、万、億、兆の次は？

ア 径

イ 京

問92 連続する３つの整数の和（例：49＋50＋51。１２１＋１２２＋１２３）は必ず□で割り切れる。□に入る数字は？

ア ２

イ ３

問93 不動産広告の「駅から徒歩○分」とはなにを基準にしている？

ア １分80メートル

イ １分１２０メートル

問94 石油の話題で出てくる「バレル」とはどんな単位か？

ア １バレル＝約１５９リットル

イ １バレル＝約２０８リットル

問95 大きさのたとえに「東京ドーム○杯分」という表現を使うが、東京ドーム１杯分とは何立方メートルくらいか？

ア 約96万立方メートル

イ 約１２４万立方メートル

問96 サイコロの上下・左右に向かい合う面の目の数を足すといくつか？

ア ６

イ ７

答えはコチラ

問91 答え　イ

京（けい）と読む。この上は垓（がい）、秭（じょ）、穰（じょう）、溝（こう）、澗（かん）、正（せい）、載（さい）、極（ごく）と続く。

問92 答え　イ

例に出した数字は2でも割り切れるが、まどわされないように。

問93 答え　ア

宅地建物取引業協会で1分80メートルという統一基準があり、不動産業者はこれを元に地図とキルビメーターという測定機を用いて徒歩の所要時間を割り出している。

問94 答え　ア

ヤード・ポンド法の容積を表す単位で語源は「樽《たる》（barrel）」。石油の場合1バレルは約158・99リットル。

問95 答え　イ

ドーム全体を容れ物として見た場合の容積が約124万立方メートル。面積でいうと4万6755平方メートル。グラウンドのみの面積は1万3000平方メートル。

問96 答え　イ

それぞれ奇数と偶数が向き合い和は7。「一《いっ》天《てん》地《ち》六《ろく》、東《とう》五《ご》西《さい》二《に》、南《なむ》三《さん》北《ほく》四《し》」と覚えられる。

三択クイズ・正しいのはどれ？

国語

問97 「埒があかない」のラチとはなんのこと？

A 土蔵の扉のこと
B 馬場の柵のこと
C 牢屋の錠のこと

問98 男女の仲の「振った・振られた」はなにからきたことば？

A 着物の袖を振ること
B 手元で鈴を振ること
C 手燭《てしょく》（あかり）を振ること

問99 「だらしがない・だらしない」のダラシってなに？

A 邦楽の手拍子のこと
B 神棚に上げるお札のこと
C 自堕落なこと

問100 江戸時代の頃、離縁状を意味したのはどれ？

A 渡し文
B 切り状
C 三行半

答えはコチラ

問97 答え　B　馬場の柵のこと

埒は低い塀や馬場の周囲の柵《さく》をさす。昔、春日神社の祭礼で神輿の周囲に柵（埒）が設けられ、長い祝詞が終わらないと柵があかず祭礼も進行しなかったことから、埒があかない＝ものごとが進展しない、の意味になったという。

問98 答え　A　着物の袖を振ること

平安時代から着物の袖は女性の意志表示の手段として使われた。男性に思いを告げられたとき、袖を左右に揺らせば「はい」、前後に振れば「だめ」のサインだった。

問99 答え　A　邦楽の手拍子のこと

邦楽の手拍子を「しだら」といい、「しだらない（調子が乱れる・規律がない）」をひっくり返したことばという。式亭三馬は『浮世床』の中で「しだらないトいふことをダラシがない。キセルをセルキといふたぐひ、下俗の方言也」と解説している。

問100 答え　C　三行半

「みくだりはん」と読む。離縁することを書いて妻に渡す手紙は三行半で書くという習わしがあった。去り状ともいい、これがないと女性は再婚できなかった。

おつかれさまでした！　第1章フィニッシュです

第1章入門編のクイズは計100問。内訳は次のとおりです。分野（科目）別の正解数をチェックしたい人は、□の中に正解した数を書き込んでください。

国語―18問 □	社会―24問 □
英語―14問 □	算数―10問 □
理科―14問 □	芸術―6問 □
家庭―6問 □	保健体育―8問 □

雑学通にはおなじみのネタも多かったので、高得点をマークした人も多いかもしれませんね。でもまだほんの入門編、次ページの「雑学王への道」を読んで、気を引き締めて第2章にトライしてください。

第１章入門編 採点表

あなたの正解数 ▶ □ 問

雑学クイズ　計 **100** 問

雑学王への道

なにごとも基本は押さえておきましょう！

◎正解数90問以上の人……リッパです！好スタートが切れて、「雑学王」の称号は近い、と言いたいところですが、入門編はいわば幼稚園クラスなのであんまり誉めてもしょうがない。とりあえず「9割できて当たり前」くらいの謙虚な気持ちで次へ行きましょう。

◎正解数80～89問の人……惜しいですね。二択や三択クイズは選択肢に答えがあるわけですから、深読みせずに自分の知識と想像力で素直に答えてみましょう。

◎正解数70～79問の人……理系がダメとか「国語」が苦手とか、得意・不得意がはっきりしてそうです。苦手分野があれば重点的におさらいしておきましょう。

◎正解数60～69問の人……いわゆる「基本ができてない」というパターンかも。万事に基本があるように雑学にだって基本はあります。世の中に広く目を向け、1問1答おろそかにせず、日々精進を。

◎正解数60問未満の人……うーむ、雑学に関してはまだ幼稚園にも上がれない乳幼児レベルです。しかし、それだけ今後吸収する余地が残っているということですから、あまり気にせず、一度全体をおさらいして前向きに次へ進みましょう！

第2章

小学校レベルでくじけるな

まだまだ序の口！

初級編

第２章は１０４問。「まだまだ序の口」というくらいで、雑学難易度は小学校レベルです。「芸術」「家庭」の問題がちょっと増えて、女性も高得点が狙えそう。カップルで問題の出し合いをしても楽しいですよ。

○か×で答えてください

家庭

問1 耳かきについているふわふわの白い綿毛を「凡天」という。

問2 焼き鳥屋で出てくる「砂肝」は肝臓の一部である。

問3 調理用語で「せんろっぽん」とは野菜を千六本に切ることである。

問4 海苔には裏表があり、本来はツヤのない面が表である。

問5 ガムとチョコレートを一緒に食べるとガムは溶けていく。

問6 トローチの真ん中の穴は時間をかけてなめるために空いている。

問7 シュークリームの「シュー」はキャベツのことである。

問8 牛乳を温めるとできる薄膜はカルシウムが固まったもの。

答えはコチラ

問1 答え ○

耳かきをしたあとの掃除用で、アヒルの羽毛などが使われている。

問2 答え ×

胃袋の一部の「砂嚢《さのう》」という部位のこと。肝と書いてもレバーではない。

問3 答え ×

野菜を太めの千切りにすること。大根の千切りを意味する繊蘿蔔《せんろふ》から転じた。

問4 答え ○

手作業で天日干ししていた頃は、最初に日に当てたざらざらした面を表とした。

問5 答え ○

チョコレートの油脂成分によってガムベースの植物樹脂が分解されてしまうため。

問6 答え ×

のどに詰まらせてしまったときの窒息防止のために穴が空けられている。

問7 答え ○

フランス語の chou でキャベツの意味。シュークリームは和製英語。

問8 答え ×

加熱によってタンパク質が固まったもので、「ラムスデン現象」という。

どっちがホント？ 記号で答えてください

社会

問9 ベルギーのブリュッセルにある像は「小便小僧」ともう一つはなに？

ア「小便少女」

イ「小便父さん」

問10 世界的コーヒーチェーン店「スターバックス」の名前の由来は？

ア アメリカのフットボールチーム名

イ 小説の登場人物名

問11 Mac、iPod のアップル社のリンゴのマークはなぜ欠けている？

ア 創業者がリンゴをかじるのが好き

イ かじる＝Bite とデジタルの単位 Byte（バイト）をかけたもの

問12 女性に人気のエルメスの「ケリーバッグ」の〝ケリー〟とは？

ア 女優の名前

イ エルメスの娘の名前

問13 スポーツブランド「ナイキ」の社名の由来は？

ア 創業者の飼い犬の名前

イ ギリシャ神話の女神の名前

問14 牛を食べないインドで、マクドナルドのハンバーガーの肉はなに？

ア ウマやヤギ

イ チキンやヒツジ

答えはコチラ

問9 答え　ア

しゃがんだ女の子の像で小水（噴水）まで出ている。「小便小僧」から大広場をはさんだ反対側の路地にある。

問10 答え　イ

創業メンバーが愛読していたハーマン・メルヴィルの小説『白鯨』に出てくる航海士の名前がスターバック。

問11 答え　イ

ただし定説ではなくアップル社の公式コメントもない。ファンの間で広まった伝説のようなもの。

問12 答え　ア

女優出身でモナコ大公妃となったグレース・ケリーが妊娠中にカメラを向けられた際、このバッグでおなかを隠したというエピソードから。

問13 答え　イ

ギリシャ神話の勝利の女神NIKE（ニケ）から。トレードマークは女神の翼をイメージしている。

問14 答え　イ

鶏肉、羊肉、白身魚、野菜コロッケの4種が基本。インド人口の8割を占めるヒンズー教徒は牛の脂さえ口にしない。

どっちがホント？ 記号で答えてください

理科

問15 「海洋深層水」はどうやって海の水を採取している？

ア 長いパイプを深海におろして直接採取している

イ タンクを積んだ潜水艇で水を吸引している

問16 農林水産省の分類では「野菜」に含まれるのはどちら？

ア バナナ・キウイ・ユズ

イ イチゴ・メロン・スイカ

問17 ＪＲ職員用に開発された「自動起床装置ベッド」はどんな仕組み？

ア 起床時間になると風船のパンチが飛んでくる

イ 起床時間になるとエアマットがふくらんで体をエビ反りにする

問18 天気予報の「一時雨」と「時々雨」のちがいは？

ア 連続的に降るか、断続的に降るかのちがい

イ 一時雨は降雨が1～2回、時々雨は3回以上

答えはコチラ

問15 答え ア

陸地から海洋深層水が循環している深度（水深約２００〜４００メートル）まで金属製の取水管をおろし、ポンプでくみ上げている。

問16 答え イ

農林水産省では「草の葉や実、根などを食べるもので毎年育てるのが〝野菜〟。木になる果実で何年にもわたって収穫できるものは〝果物〟」として、木にならないイチゴ、メロン、スイカなどは「果実的野菜」と呼んで区別している。

問17 答え イ

設定した起床時刻になるとベッド下のエアマットが急激にふくらみ、寝ている人の上体を押し上げる。起きてタイマーをオフにするまで、エアマットはふくらんだりしぼんだりをくり返す。

問18 答え ア

「一時雨」とは、「連続的に雨の降る時間が予報の対象時間の４分の１未満」で、「時々雨」とは「断続的に雨が降った合計時間が予報の対象時間の２分の１未満」。降る回数は関係ない。

読み方クイズ・副詞＆形容詞編

国語

問19 傍線部分はなんと読む？

学生は須く学問に励むべし。
厳かな声で教授が言った。

問20 傍線部分はなんと読む？

妄りに席を外して、
猥らなことをしてはいかん。

問21 傍線部分はなんと読む？

俄に雨が落ちてきた。
忽ち土砂降りになり、
剰え強風が吹いてきた。

問22 傍線部分はなんと読む？

二人の仲が専らの噂だが、
疚しい関係ではないという事実が
遍く行き渡るよう、
速やかに通達してほしい。

答えはコチラ

問19 答え

須く（すべからく）
厳か（おごそか）

「須く」は、すべきであること、当然、の意。下に「～べし」をつけて、あることをぜひしなければならないという気持ちを表す。

問20 答え

妄りに（みだりに）
猥らな（みだらな）

「妄りに」は、勝手に、分別なく行うさま。

問21 答え

俄に（にわかに）
忽ち（たちまち）
剰え（あまつさえ）

「剰え」は、そのうえ、しかも、の意。

問22 答え

専ら（もっぱら）
疚しい（やましい）
遍く（あまねく）
速やか（すみやか）

「疚しい」は、良心がとがめる、後ろめたいさま。「遍く」は、すべてにわたって、すみずみまで、の意。

読み方クイズ・生理現象その他編

国語

問23 人の生理現象を表す次の漢字、なんと読む？

屁（　　　　）

咳（　　　　）

欠伸（　　　　）

問24 これも生理現象、なんと読む？

目眩（　　　　）

吃逆（　　　　）

鼾（　　　　）

嚔（　　　　）

問25 傍線部分をなんと読む？

鬼の霍乱か、悪寒がするので、

泥鰌の柳川鍋で精をつけた。

問26 傍線部分をなんと読む？

彼の剽軽なところが好きで結婚。

浮気は絶対しないという言質をとった。

今は離婚のため法律書の凡例を読んでいる。

入門編
初級編
中級編
上級編
特級編

答えはコチラ

問23 答え

屁（へ）

咳（せき）

欠伸（あくび）

あくびは「欠」だけであくびと読ませることもある。

問24 答え

目眩（めまい）

吃逆（しゃっくり）

鼾（いびき）

嚔（くしゃみ）

くしゃみはもとは「くさめ」といった。俳句の季語では冬である。

問25 答え

霍乱（かくらん）

悪寒（おかん）

泥鰌（どじょう）

柳川鍋（やながわなべ）

霍乱はもとは日射病や夏の下痢をさした。「鬼の霍乱」はふだん病気などしそうもない人が風邪をひいたり病気になることのたとえ。

問26 答え

剽軽（ひょうきん）

言質（げんち）

凡例（はんれい）

言質はのちの証拠となることばのこと。凡例は「ぼんれい」と読みがち。

三択クイズ・正しいのはどれ？

算数

問27 世界最初のコンピュータはいつ誕生した？

A　1938〜1940年
B　1943〜1946年
C　1954〜1956年

問28 昔から「人の噂も七十五日」というがなぜ75日なのか？

A　人はふた月半で物を忘れるという言い伝え
B　農作物の種まきから収穫までの目安
C　二十四節気という昔の暦の5節気分

問29 パパパン・パパパン・パパパン・パンが江戸の一本締め。なぜ祭りや会合をこれで締めるのか？

A　手を叩いて邪気を追い払う
B　神様への感謝を示すため
C　万事丸く納めるため

問30 箪笥（タンス）を数える単位はどれか？

A　串（くし）
B　台（だい）
C　棹（さお）

答えはコチラ

問27 答え B 1943~1946年

諸説あるが、1943年にイギリスで開発された「Colossus《コロッサス》」か、1946年にアメリカで開発された「ENIAC《エニアック》」のいずれかというのが一般的。

問28 答え B 農作物の種まきから収穫までの目安

諸説あるが、作物の種まきから収穫までにかかる日数の目安＝75日からきているといわれる。どんなに悪い噂の種でも75日たって刈り取られてしまえば跡も残らないということ。Cも関連性はあり。

問29 答え C 万事丸く納めるため

3拍×3回で9拍、これに最後のパン1回を足して九の字が「丸」になる。これで〝丸く納まる〟。3回くり返す「三本締め」は、三方丸く納まるという。手を打つ意味としてはA、Bも関連あり。

問30 答え C 棹（さお）

和箪笥《わだんす》には棹通し金具がついており、江戸時代、箪笥はこの金具に棹を通して担いで運んでいたことから、一棹（ひとさお）、二棹（ふたさお）と数えるようになった。

三択クイズ・正しいのはどれ？

問31 目覚まし時計や携帯のアラーム機能にある「スヌーズ」の意味は？

A 熟睡
B 寝坊
C うたた寝

問32 「セブン - イレブン」のロゴが 7 ELEVEn と最後だけ小文字になっている理由は？

A 店名を真似されないため
B 商標登録のため
C 創業時の看板の書きまちがいから

英語

問33 ワイシャツは英語でなんという？

A white shirt
B dress shirt
C Y collar shirt

問34 グレープフルーツはオレンジの仲間（柑橘系）なのに、なぜブドウの果実（grapefruit）と呼ぶ？

A 味がブドウに似ていたから
B ブドウと柑橘系の交配でできたから
C ブドウのように木に実るから

答えはコチラ

問31 答え　C　うたた寝

スヌーズ機能とは停止ボタンを押しても間をあけてくり返しアラームが鳴る機能。snooze は居眠り、うたた寝のこと。have a snooze（うたた寝をする）のように使う。

問32 答え　B　商標登録のため

7 ELEVEnでは「7・11」という一般の数詞なので商標登録が認められないため1文字だけ小文字にした。朝7時～夜11時まで開店していたことに由来。

問33 答え　B　dress shirt

ワイシャツは和製英語で white shirt（白いシャツ）が訛って定着したもの。スーツとともに着るシャツのことは、標準的な英語では dress shirt（ドレスシャツ）。またはただ shirt という。

問34 答え　C　ブドウのように木に実るから

ブドウの房のように木にたくさん実るので名付けられた。ちなみに pineapple（パイナップル）は松（pine）のように実がなるのでこの名前。

三択クイズ・正しいのはどれ？

保健体育

問35 3種類の注射の方法のうち、いちばん痛いとされるのは？

A 皮下注射

B 筋肉注射

C 静脈注射

問36 〝オヤジ臭〟などと呼ばれる加齢《かれい》臭の正体といわれる物質は？

A ノネナール

B ホネナール

C ナノネール

問37 ゴルフコースはなぜ18ホールに決められた？

A 英国紳士が飽きずに楽しめる目安

B イギリスで18は幸運の数字

C ウイスキーボトルが1本空く目安

問38 リレー競技の最後の選手をなぜ「アンカー」というのか？

A 最後に打ち込むボルトの意味

B 船の錨《いかり》のアンカーからきた

C 足首を意味するアンクルからきた

答えはコチラ

問35 答え B 筋肉注射

筋肉・筋膜の神経を刺激するうえ、血管内のように注射液がスムーズに拡散しないため、打ち終わった後もうずくような痛みが残る。お尻に打たれる注射がこれ。注射液によっても痛みはちがう。

問36 答え A ノネナール

中高年の皮脂中に増えてくる特定の脂肪酸が酸化分解されてできるもので、年をとると過酸化脂質(脂質が酸化すると生じる)が増加しやすいことも加齢臭の一因とされている。

問37 答え C ウイスキーボトルが1本空く目安

名門セントアンドリュースクラブでホール数を決める会議の席上、「1ホール回るごとに1杯やると、ちょうど18ホールでウイスキー1本が空になる」という長老格の人物の発言が決め手になったという。

問38 答え B 船の錨のアンカーからきた

語源は錨（anchor）で、もともとは綱引き競技で錨のように綱をつなぎ止める最後尾の選手をさした。

三択クイズ・正しいのはどれ？

芸術

問39

『フランダースの犬』が日本で初めて翻訳されたときの孤児ネロの名は？

A 太郎
B 清
C 正

問40

宮崎駿《はやお》のアニメーションで知られる「スタジオジブリ」の〝ジブリ〟の意味は？

A 熱風
B 太陽
C 虹

問41

サザエさんは専業主婦だが、結婚前の職業はなにか？

A バスガイド
B 雑誌記者
C エレベーターガール

問42

『サザエさん』から生まれた「マスオさん現象」とはどういう意味か？

A 三世代で同居すること
B 妻の実家に婿に入って同居すること
C 妻の実家や実家の近所に住むこと

答えはコチラ

問39 答え B 清

『フランダースの犬』を初めて紹介したのは、翻訳家でもあった日高善一牧師。日本人に親しみやすいように、ネロは清、パトラッシュは斑《ぶち》と訳された。

問40 答え A 熱風

ジブリは Ghibli と書き、「サハラ砂漠に吹く熱風」を意味するイタリア語。第二次大戦中に使われたイタリアの軍用偵察機の名前でもある。飛行機好きの宮崎駿監督が命名した。

問41 答え B 雑誌記者

マスオさんとの結婚前は社会人の経験があり「ハロー社」という出版社で雑誌記者をやっていた。

問42 答え C 妻の実家や実家の近所に住むこと

マスオさんは一見磯野家の婿《むこ》養子のように見えるが、サザエさんもマスオさんも姓は「フグタ」である。婿養子としてではなく、妻の実家やその近くに住む夫婦が増えたことをマスコミが「マスオさん現象」と呼んだ。

三択クイズ・正しいのはどれ？

芸術

問 43 マンガ家手塚治虫が美術デザイナーとしてのオファーを受けていた映画は？

A 『ブレードランナー』
B 『2001年宇宙の旅』
C 『スターウォーズ』

問 44 ホウレン草を食べると元気になるポパイ。もともとはなにを食べると元気になっていたか？

A キャベツ
B 牛肉
C ニンジン

問 45 チャーリー・ブラウンの相棒、スヌーピーの弱点は？

A 閉所恐怖症
B 高所恐怖症
C 先端恐怖症

問 46 童謡「赤い靴」のモデルは本当に異人さんと海外へ行ったのか？

A イギリスへ渡った
B 親が断って行かなかった
C 病気で行けなくなった

答えはコチラ

問43 答え B『2001年宇宙の旅』

スタンリー・キューブリック監督自らの望みだったが、手塚氏は多忙なことと虫プロの経営が大変な時期だったため断ったという。

問44 答え A キャベツ

最初はキャベツを丸ごと食べていたが、大きさの問題もあって缶詰のホウレン草に変更された。ポパイ人気の影響で缶詰ホウレン草の売れ行きが急増。ポパイは全米ベジタリアン協会の宣伝キャラクターだった。

問45 答え A 閉所恐怖症

スヌーピーはよく犬小屋の上に寝そべって空想している。これは閉所恐怖症のため犬小屋では眠れないから。

問46 答え C 病気で行けなくなった

赤い靴をはいた女の子のモデルは静岡生まれの岩崎きみという少女。異人さんはアメリカ人宣教師C・W・ヒュエット氏。きみさんは氏の養子になるはずだったが肺結核で渡米できず、早世《そうせい》したとの悲しい後日談が残っている。

○か×で答えてください

社会 家庭

問 47 競輪（KEIRIN）も交番（KOBAN）も国際語である。

問 48 警察の交番、駐在所はあるが「派出所」は廃止されている。

問 49 「折り紙つき」とは保証書付きの意味である。

問 50 贈答品につける「熨《の》斗《し》」はもとはノシイカ（スルメ）をさした。

問 51 九州で売られている「柚《ゆ》子《ず》胡《こ》椒《しょう》」にコショウは入っていない。

問 52 粉わさびは冷水で溶くと香りと辛みが強くなる。

問 53 日本で最初に成人式を行ったのは東京八王子市である。

問 54 千葉県浦安市の成人式はディズニーランドで行われる。

答えはコチラ

問47 答え ○
KEIRIN は競技名として定着、KOBANはシンガポールやハワイにもある。

問48 答え ○
1994年に交番の正式名称としての派出所は廃止になった（一部に名称は残る）。

問49 答え ○
この折り紙は和紙を二つ折りにした進物用目録や鑑定書のこと。

問50 答え ×
熨斗はノシアワビのこと。薄く削いで乾燥させ、供物や贈答品に添えた。

問51 答え ○
柚子胡椒は大分特産で柚子の果皮と唐辛子に塩をまぶした調味料。九州の一部では唐辛子を「胡椒」とよぶ習慣がある。

問52 答え ×
人肌くらいのぬるま湯で溶くとなめらかになり、辛み・香りが出やすい。

問53 答え ×
現在の成人式は1946年埼玉県蕨《わらび》町（現・蕨市）で開かれた「青年祭」がルーツ。

問54 答え ○
2002年より東京ディズニーランドのショーベースで成人式を開催。入園料は市が負担。

○か×で答えてください

芸術

問55 アカデミー賞は全米映画製作者連盟のメンバーの投票で選ばれる。

問56 マイケル・ジャクソンは映画のオスカー像を持っている。

問57 アカデミー賞外国語映画賞を受賞した日本映画は3作品ある。

問58 日本で初めてLPの売上げ100万枚を突破したのは松任谷由実。

問59 手塚治虫作『BLACK JACK』の主人公の本名は間黒男という。

問60 浜崎あゆみは歌手デビュー前「浜崎このみ」というモデルだった。

問61 井上陽水の最初の芸名は「アンドレ・カンドレ」という。

問62 カラオケの発明者はカラオケシステムの特許をとっていない。

答えはコチラ

問55 答え ×

予備選考、ノミネートを経て「映画芸術科学アカデミー」会員の投票によって決まる。

問56 答え ◯

競売に出た『風と共に去りぬ』のオスカー像を約１億６千万円で落札している。現在も所有しているかは不明。

問57 答え ×

『おくりびと』が第81回アカデミー賞外国語映画賞を受賞したのが唯一。

問58 答え ×

正しくは井上陽水の『氷の世界』で１９７５年に日本初のミリオンセラーを記録。

◇◇◇◇◇◇◇◇◇◇◇◇◇◇◇◇◇◇◇◇

問59 答え ◯

「はざま・くろお」と読み、連載スタート後１年以上経過して明かされた。英語で黒＝ブラック、男＝ジャックである。

問60 答え ×

10代前半から地元福岡のモデル事務所に所属、芸名は「浜崎くるみ」だった。

問61 答え ◯

デビューシングル『カンドレ・マンドレ』を出したときの芸名。

問62 答え ◯

１９７１年に元バンドマンの井上大佑氏が開発したが、特許は申請しなかった。

三択クイズ・正しいのはどれ？

社会

問 63 過去「清水《きよみず》の舞台」（京都・清水寺）から飛び降りた人はどのくらいいる？

A およそ90人
B およそ２３０人
C およそ３４０人

問 64 イギリスの老舗デパート「ハロッズ」で、世界初のエスカレーターが設置されたとき配られたものは？

A 紅茶
B ブランデー
C ギネスビール

問 65 日本で最初に新婚旅行をしたといわれる歴史上の人物はだれ？

A 勝 海舟
B 高杉晋作
C 坂本龍馬

問 66 日本最大の砂丘はどれか？

A 鳥取砂丘（鳥取）
B 猿ヶ森砂丘（青森）
C 庄内砂丘（山形）

答えはコチラ

問63 答え Ｂ　およそ２３０人

清水寺の舞台は地面からの高さ約13メートル。寺の資料や文献から過去に飛び降りた人の数を調べたところ、元禄年間から明治5年に京都府が「舞台飛下り禁止令」を出すまでの間だけで２３４人が飛び降りたことがわかった。

問64 答え Ｂ　ブランデー

１８９８年、ハロッズに世界で初めてエスカレーターが設置されたとき、緊張などで具合が悪くなった客向けに気付け用のブランデーがふるまわれた。斜めに動く階段はそれほど衝撃的だった。

問65 答え Ｃ　坂本龍馬

慶応二年（１８６６）に、坂本龍馬とその妻おりょうさんが薩摩へ旅したのが、記録として残る日本最初の新婚旅行とされる。実際には新婚ホヤホヤというわけではなかった。

問66 答え Ｂ　猿ヶ森砂丘（青森県）

青森県東通村にある猿ヶ森砂丘は、別名「下北砂丘」とも呼ばれ、内陸にある砂丘を含めると日本最大の砂丘である。しかしその大部分が防衛省の下北試験場となっており、一般人は入ることができないためあまり知られていない。

どっちが正しい？ 記号で答えてください

家庭

問67 「野菜ソムリエ」の正式な名称は？

ア ベジタブル＆フルーツマイスター

イ ベジタブル＆フードアドバイザー

問68 糸引き納豆を考案したと伝えられる人物は？

ア 武蔵坊弁慶

イ 八幡《はちまん》太郎義家

問69 そば屋の屋号に「○○庵」が多いのはなぜ？

ア 江戸で大人気だったそばどころにあやかった

イ 明治時代のそば打ち名人の名にあやかった

問70 福岡産イチゴ「あまおう」の名前の由来は？

ア「甘さの王様」からとった

イ「赤い丸い大きいうまい」からとった

答えはコチラ

問67 答え　ア

野菜ソムリエとは野菜や果物の栽培、栄養、調理法などの知識を取得し、それをもとにフードスタイルを紹介する専門家のこと。日本ベジタブル&フルーツマイスター協会が認定する資格である。

問68 答え　イ

八幡太郎こと源義家は、大豆を煮ているときに敵の来襲を受け、大豆を藁《わら》に包んで馬で逃げた。あとで藁を開けると糸引き納豆ができていた——これが俗に納豆の発見と伝えられる。

問69 答え　ア

江戸中期、浅草の称往院《しょうおういん》という寺にあった道光庵の主人がふるまうそばが評判となり、そば目当ての客が連日押し寄せた。その「道光庵」の人気にあやかって屋号に「庵」をつけるそば屋が増えた。

問70 答え　イ

文字どおり「赤くて丸くて大きくてうまい」イチゴを目指して改良されてきたもの。台湾や中国でも人気とか。

三択クイズ・正しいのはどれ？

英語

問71 電気器具のプラグの差し込み口のことを英語でなんという？

A コンセント

B アウトレット

C スリット

問72 ビジネスマンが手頃な価格で泊まれるホテルを英語でなんという？

A ビジネスホテル

B バジェットホテル

C シティホテル

問73 プロ野球のバッターの最大の勲章、「三冠王」を英語でいうと？

A Triple star

B Triple king

C Triple crown

問74 「ライバル」という英語の語源と関係が深いのは？

A 山

B 村の境界

C 川

答えはコチラ

問71 答え B アウトレット

コンセント（consent）は和製英語で、英語では「承諾・了解」の意味。日本語でいうコンセントを表すのはアウトレット(outlet)。イギリスではソケット（socket）ということも多い。

問72 答え B バジェットホテル

ビジネスホテルもシティホテルも和製英語。ビジネスホテルに当たる語として、バジェットホテル（budget hotel）、エコノミーホテル（economy hotel）、余分なサービスのないホテルという意味のノーフリルズホテル（no-frills hotel）がある。

問73 答え C Triple crown

crown はかんむり、王冠のこと。三冠王は英語の直訳。

問74 答え C 川

ラテン語の川を意味する rivas（river の語源）が転じて、一つの川を生活のために共有する人々のことをライバル（rival）というようになった。ときには水の権利をめぐって敵対する事態も起こる。そこからライバル＝競争相手や対抗者の意味が定着した。

どっちがホント？　記号で答えてください

家庭

問75 味覚を「五味」で分けるとき、甘味、酸味、辛味、苦味とあと一つは？

ア 塩辛さ

イ 旨味

問76 うどんやそばの「鴨南蛮」の〝南蛮〟とはなに？

ア 鴨肉が南蛮渡来だったから

イ 南蛮は「なんば」のこと

問77 そばはなぜ「そば」と呼ぶようになった？

ア そばの実が三角形だったから

イ 中国でそばの実をスバと呼んだ

問78 「あつむぎ」とも呼ばれる食べものは？

ア すいとん

イ うどん

答えはコチラ

問75 答え　ア

最近は旨味（うまみ）をあげる例も見られるが、本来は「甘・酸・辛・苦・鹹《かん》」が五味。鹹は「から」とも「しおから」とも読み、塩辛さのこと。

問76 答え　イ

大阪の「難波」のことで、難波はかつてネギの名産地だったことから、ネギを入れて煮たうどんやそばを「なんば」と呼んだ。これが訛って「なんばん」となり、南蛮の字を当てるようになった。

問77 答え　ア

そばが伝来した頃、日本では似たような実をつける「むぎ」の栽培も行われていた。そばの実が三角形で3つの稜《そば》（＝かど）があるので、「むぎ」と区別するために「そばむぎ」と当初呼び、「そば」になった。

問78 答え　イ

熱くして食べるうどんやそうめんをいう。煮麺《にゅうめん》もあつむぎ。

どっちがホント？ 記号で答えてください

保健体育

問79 プロサッカーチームで選手のユニフォームや用具の世話をする係をなんという？

ア ポルペーロ

イ ホペイロ

問80 大相撲で土俵に何度も塩をまくのはなんのため？

ア 土俵を浄め、邪気を払う

イ 土俵の湿気をとる

問81 大相撲で土俵にまかれる塩は1日どのくらい消費するか？

ア 1日約25キロ

イ 1日約45キロ

問82 スキーのフリースタイル競技の「モーグル」とはどんな意味？

ア 雪のコブをさす

イ 樹氷をさす

答えはコチラ

問79 答え　イ

ポルトガル語で「用具係」。選手のスパイク、ユニフォーム、ボールなど用具の整備を担当する。

問80 答え　ア

地中の邪気を払《はら》い土俵を浄《きよ》めるためと、けがや事故の起きないことを祈る意味もある。塩は土を浄め、擦り傷などでばい菌が入るのを防ぐ効果があるという。

問81 答え　イ

場所中は１日平均45キロが消費され、１場所15日間で６７０キロ以上の塩が用意される。

問82 答え　ア

モーグル（mogul）はノルウェー語で雪のコブ。凹凸の多い急斜面を滑降し、スピードとターンの技術、エア（ジャンプ）の演技で競う。

どっちが正しい？ 記号で答えてください

国語

問83 芥川賞と並び称される「直木賞」のもとになった作家の名前は？

ア 直木三十五

イ 直木五十六

問84 小説家・三島由紀夫のペンネームの由来は？

ア 当時憧れていた女性の名前から

イ 静岡県三島市から

問85 雑誌の企画として作家や評論家などの「座談会」を発案した人物はだれか？

ア 吉川英治

イ 菊池　寛

問86 2人だと対談、多数だと座談会だが、とくに3人の対談をなんという？

ア 鼎談

イ 放談

答えはコチラ

問83 答え　ア

直木三十五は明治24年生まれの作家で、三十代前半はそのときの年齢をペンネームにしていた。名前はそのまま「さんじゅうご」と読む。代表作に『南国太平記』など。

問84 答え　イ

三島由紀夫の本名は平岡公威《きみたけ》といい、この筆名は師の清水文雄が静岡県・修善寺での打ち合わせの帰り、乗り換え駅だった「三島」とそこから見える富士の「雪」を組み合わせて名付けたものという。

問85 答え　イ

「座談会」というスタイルは作家で文藝春秋社の創立者でもある菊池《きくち》寛《かん》が発案したもの。『文藝春秋』昭和2年3月号に初の座談会記事が掲載されている。

問86 答え　ア

「鼎《かなえ》」とは古代中国の周《しゅう》王室に代々伝わっていた祭祀《さいし》用の青銅器。三本の脚で支える形をしているので、三人で行う座談会を「鼎談《ていだん》」というようになった。

○か×で答えてください

理科

問87 閑古鳥とはカッコウの別名である。

問88 イルカは泳ぎながら熟睡している。

問89 「ハチは一度刺したら死ぬ」は本当である。

問90 ツルが一本足で眠るのは疲労軽減のため。

問91 渡り鳥が編隊飛行をするのは空気抵抗を減らすため。

問92 動物園のクマは冬眠しない。

問93 冬眠中のクマは一度もうんこをしない。

問94 魚の群れが一斉に向きを変えるのは体側のセンサーによる。

答えはコチラ

問87 答え ○
「閑古鳥が鳴く」とは、山中でカッコウが一声鳴くとよけい静けさが深まって感じるから。

問88 答え ×
イルカは脳の半分ずつ休ませて眠るといわれ、うたた寝程度で熟睡はしない。

問89 答え ×
一刺しで死ぬのはミツバチ類だけで、スズメバチなどは何度でも刺す。

問90 答え ×
雪の上や水中に立ったまま眠るとき体温を下げすぎないように片足立ちする。

問91 答え ○
長距離移動のときの体力消耗を減らすためで、先頭集団も入れ替わるという。

問92 答え ×
通常の動物園では冬眠しないが「よこはま動物園ズーラシア」のように自然に近い飼育環境のもとでは冬眠するケースもある。

問93 答え ○
冬眠に入るとガチガチに固い便で肛門に栓をした状態になり、排泄はしない。

問94 答え ○
体の左右にある側線《そくせん》という器官で水中の低周波や微細な圧力変化を感じとって反応する。

どっちがホント？ 記号で答えてください

社会
保健体育

問95 結婚指輪はなぜ左手の薬指にするのか？

ア 心臓に直接血管がつながっている指
イ 家事でいちばん邪魔にならない指

問96 新婚期間をさすハネムーンはなぜ蜜月なのか？

ア 蜂蜜のお酒で精をつけて子作りに励む期間
イ 蜜のようにベタベタできる甘い期間

問97 なぜ欧米では13日の金曜日が不吉とされるのか？

ア ノアの箱舟の大洪水が起きた日
イ キリストが最後の晩餐を13人で迎え、金曜日に処刑されたから

問98 欧米で昔から行われているムシを使うダイエット法とは？

ア コガネムシ・ダイエット
イ サナダムシ・ダイエット

問99 毒素を注入するボトックス注射でなぜ顔のシワがとれるのか？

ア 神経を麻痺させる
イ 皮下脂肪を拡散させる

問100 女性の潮《しお》吹《ふ》きのツボなどともいわれるGスポットのGはなに？

ア 発見者の頭文字をとったG
イ グラインド（回転）刺激のG

答えはコチラ

問95 答え　ア

古代ギリシャなどでは左手の薬指の血管は直接心臓に通じていると考えられていた。相手をつなぎ止めておくためこの指に〝拘束〟のしるしをはめた。

問96 答え　ア

古代ドイツなどで、新婚の1か月間蜂蜜酒を飲んで祝った風習が語源といわれる。

問97 答え　イ

キリストが13日の金曜日に処刑されたというのは誤りで、わかっているのは金曜日だけ。裏切り者ユダの席が13番目だったともいう。13は古くから不吉な数とされ、それらが合体した迷信的なもの。

問98 答え　イ

欧米では昔からサナダムシが「やせ薬」（栄養分を横取りする）として出回り、オペラの女王マリア・カラスがこれで減量したのは有名。

問99 答え　ア

ボツリヌス毒素が神経に働き、神経細胞から筋肉へ情報を伝える物質の放出を抑え、筋肉を麻痺状態にして表情ジワをなくす。

問100 答え　ア

発見したドイツの医学者グレフェンベルクの名前からGをとった。Gスポットは尿道の裏側の膣壁上部にある。

正しいのはどっち？ 記号で答えてください

社会

問 101 「サランラップ」の商品名の由来は？

ア 創業者の故郷の地名

イ 創業者の妻の名前

問 102 ハンバーガーチェーン「モスバーガー」の名前の由来は？

ア 山と海と太陽から

イ もっともおいしいショップの頭文字

問 103 殺虫剤の「フマキラー社」の社名の意味は？

ア 粉末殺虫剤のフマ

イ ハエとカの殺虫剤から

問 104 家電メーカー「シャープ」の社名の由来は？

ア シャープペンシルから

イ シャープ（鋭敏）な先端企業を目指す

問101 答え　イ

フィルムメーカーに勤務する２人の男性が、レタスをフィルムに包んでピクニックに持参したところ主婦たちに大好評。男たちは商品化を決め、２人の妻の名前サラとアンをつけて「サランラップ」とした。

問102 答え　ア

モスのＭＯＳは、Mountain（山）、Ocean（海）、Sun（太陽）の頭文字をとって、「自然、人間への限りない愛をこめて」付けられた名前。アメリカの企業だと思う人も多いが生粋の日本生まれ。

問103 答え　イ

フマキラーのフは英語の fly（ハエ）、マは mosquito（蚊）をさす。つまり「フマキラー」はハエと蚊の殺し屋のこと。もとの社名は大下回春堂といい、ヒット商品「強力フマキラー液」から社名をとった。

問104 答え　ア

創業者早川徳次氏が考案した繰出《くりだし》鉛筆（シャープペンシル）に由来。１９１５年に世界に先がけて金属製シャープペンシルを考案、その後ラジオの製造を手掛け、世界的電機メーカーに成長した。

おつかれさまでした！ 第2章フィニッシュです

第2章初級編 採点表

あなたの正解数 ▶ □ 問

雑学クイズ 計 **104** 問

第2章初級編のクイズは計104問。内訳は次のとおりです。分野（科目）別の正解数をチェックしたい人は、□の中に正解した数を書き込んでください。

- **国語―12問** □
- **英語―8問** □
- **理科―12問** □
- **家庭―20問** □
- **社会―21問** □
- **算数―4問** □
- **芸術―16問** □
- **保健体育―11問** □

芸術（美術・音楽）と家庭の問題が増えて、クイズの中身もバラエティに富んできました。これでまだ全500問中の204問、道はまだこれからです。次ページ「雑学王への道」を心して読んでください。

雑学王への道

プラス思考で、前を向いてずんずん行こう！

◎正解数90問以上の人……初級編はいわば小学校クラスとはいえ、けっこう手ごわい問題もあったのでこの成績は優秀！　とくに「社会」「芸術」「家庭」で高得点なら雑学センスはかなりよさそうです。気を抜かず次の3章もがんばって。

◎正解数80～89問の人……入門編に続いてこの成績以上をとっていたら十分有望です。王様の家臣くらいにはすぐなれそう。さらに上を目指したいなら苦手分野のおさらいをしておきましょう。

◎正解数70～79問の人……このランクの人は、階段の途中でグズグズたまっていてなかなか上に行けないようなじれったさがありますね。二択や○×クイズに安易に答えてミスしていないか自己チェックしてみてください。

◎正解数60～69問の人……けっこうキビシイ結果ですが、不正解の数だけ「新たな知識が得られた」ということ。プラス思考で3章からの奮起を期待したいです。

◎正解数60問未満の人……初級レベルでこの成績は先が思いやられます。でも「たまたま問題との相性が悪かっただけ」と笑いとばす頭の切り替えも必要。3章は一気に8割クリアを目指しましょう！

第3章

中学校レベルで基礎をみっちり

がっちり押さえる！中級編

第3章はボリュームアップして120問。難易度は中学校レベルと思ってください。つまり、ここでは雑学の義務教育（?）みたいなもの。最後までトライして全問マスターしたら、あなたはもう十分〝雑学に強い人〟ですよ。

正しいのはどっち？ 記号で答えてください

社会

問1 警察は１１０番、火事・救急は１１９番、では１１８番は？

ア 海上保安庁

イ 気象庁災害本部

問2 コンピュータゲームの代名詞となった「Nintendo（任天堂）」のかつての主力商品はなに？

ア 花札

イ すごろく

問3 洋菓子の業界では毎月22日を「ショートケーキの日」と定めているが、その由来は？

ア 日本で初めてショートケーキを発売した日

イ カレンダーで必ず15日が上にくる日

問4 韓国で、デートする恋人のいない若者が4月14日に行う催しを何デーというか？

ア グリーンデー

イ ブラックデー

答えはコチラ

問1 答え　ア

「海のもしもは１１８番」として、２０００年5月から緊急通報用の番号となっている。海難人身事故や不審船、密航などを目撃した場合はこちら。

問2 答え　ア

明治22年（１８８９）に京都で創業した当初は花札の製造販売を主としていた。その後トランプの製造を始め、カードの任天堂として成長した。

問3 答え　イ

通常の横組みカレンダーでは22日の上に必ず15日がくるので「15＝イチゴが上にのっている」ことにかけた。

問4 答え　イ

バレンタインデーにもホワイトデーにも縁のなかった若者たちが、黒い服を着て真っ黒いソースがかかったチャジャンミョン（韓国風ジャージャー麺）を食べたり、ブラックコーヒーを飲んだりする。

○か×で答えてください

社会

問5
「本籍地」は日本のどこにでも自由に置くことができる。

問6
富士山の山頂はどの県にも属さず、住所もない。

問7
馬は軽車両扱いで一般道も歩道も通行することができる。

問8
「六本木」の地名は昔その地に6本の名木があったから付いた。

問9
Vサインを世界に広めたのはマッカーサー元帥である。

問10
学生服の俗称「学ラン」のランはオランダのことである。

答えはコチラ

問5 答え ◯

日本国内ならどこでもよく、自分とまったく関わりのない場所でもかまわない。本籍地を移すことも自由にできる。

問6 答え ◯

山梨・静岡のどちらにも属さず富士山本宮浅間大社の境内ということになっている。地図にも県境は記入されていない。

問7 答え ×

軽車両なので車道の左側通行はＯＫだが人が引いても歩道は通れない。携帯電話を使用しながら乗馬すると違反である。

問8 答え ×

かつて上杉家、朽木家、高木家、青木家、一柳家、片桐家という木にちなんだ姓の武家屋敷があったため六本木の地名が付いた。

問9 答え ×

第二次大戦中、英国首相チャーチルが会見でたびたびＶサイン（勝利＝ＶＩＣＴＯＲＹ）を示したことで有名になった。

問10 答え ◯

ランはオランダの略で、江戸時代に西洋の服のことを「蘭服《らんふく》」と呼んだ名残り。学生用蘭服を縮めてこう呼ぶようになった。

○か×で答えてください

家庭

問11
「みりん」はもともとは飲むためのお酒である。

問12
黒コショウと白コショウは同じコショウの実である。

問13
卵を冷蔵庫で保存するときはとがったほうを上にして置く。

問14
居酒屋で出てくるシシャモの9割以上は代用品である。

問15
カレーの国インドでは赤ちゃんの離乳食にもスパイスを使う。

問16
レストランを開くには調理師免許が必要である。

答えはコチラ

問11 答え ○

もともとはもち米と米麹《こうじ》と焼酎で作る甘い飲用酒で、料理に使われるようになったのは江戸時代後期から。

問12 答え ○

品種は同じで、黒コショウは熟す前の実を乾燥させたもの。白コショウは赤く熟した実の果皮を取り去って乾燥させたもの。

問13 答え ×

卵は丸い底の部分の「気室」を通して呼吸しているので、鮮度を保つにはこの丸いほうを上に向けて置くのが正しい。

問14 答え ○

ほとんどはカペリン（カラフトシシャモ）という輸入ものの魚。本シシャモは晩秋の北海道太平洋岸でしか獲れない。

問15 答え ○

離乳食から辛いスパイスを使い始める。ただし刺激の少ないものから。

問16 答え ×

食品衛生責任者を置き、保健所の飲食店営業許可があれば調理師免許は必要ない。

正しいのはどっち？ 記号で答えてください

理科

問17 天文学でいう「超新星爆発」とはどのような現象をさす？

ア 宇宙でガスが膨張して爆発し、星が誕生すること

イ 大きな星が一生を終えるとき、大爆発を起こすこと

問18 大人の体内の血管（毛細血管も含む）を全部つなげると長さはどのくらいになるか？

ア 地球を2周半

イ 東京～ロンドンの距離

問19 鉛筆1本でどのくらいの長さの線が引けるか？

ア 約20キロメートル

イ 約50キロメートル

問20 だれでもできる手品〝ラバーペンシル・イリュージョン〟とは？

ア 鉛筆の端を握って上下に強く振る

イ 鉛筆の端を軽く持って上下に振動させる

答えはコチラ

問17 答え　イ

質量の大きい星が大爆発を起こして一生を終えることをさす。爆発時にはまるで新しい星が生まれたように明るく輝くので超新星（スーパー・ノヴァ）と呼ばれる。

問18 答え　ア

血管をすべてまっすぐにつなげるとおよそ10万キロメートルになり、これは赤道の長さ（約4万キロメートル）の2・5倍にあたる。

問19 答え　イ

ちなみにボールペンは約1・5キロメートル、シャープペンシルは芯40本でも10キロメートルしか書けない（日本鉛筆工業共同組合の資料）。

問20 答え　イ

端を2本指で軽くはさむのがコツ。波打つように上下に振ると鉛筆がゴムのようにグニャグニャして見える。鉛筆の動きに視覚がついていけないためのマジック。

漢字クイズ・正しいほうを選んでください

国語

問21 『論語』の有名なことばです。

ア 後世畏るべし
イ 後生畏るべし

問22 みんなで同じことを言う。

ア 異口同音
イ 異句同音

問23 相当頭にきてます。

ア 怒り心頭に発する
イ 怒り心頭に達する

問24 心にしっかり刻み付けます。

ア 肝に命ずる
イ 肝に銘ずる

問25 みんな集まりました。

ア 一同に会する
イ 一堂に会する

問26 そんなこと聞いたこともない。

ア 前代未聞
イ 前代見聞

答えはコチラ

問21 答え　イ

「後生」は年少者、若者をさす。若者たちの能力ははかり知れないので侮《あなど》ってはいけないということ。後世はのちの世のこと。

問22 答え　ア

別々の口から同じ音が発せられるのが「異口同音」。句（ことば）が異なっては同音にならない。

問23 答え　ア

「心頭に発する」は心の中からわき上がってくることで、頭に血が昇ったりすることではないので「達する」はバツ。

問24 答え　イ

「肝」はハラ（肚）のことで、ここでは心を意味し、「銘ずる」は刻み付けること。ハラに命令はできない。

問25 答え　イ

「一堂」は一つの堂、同じ場所の意。間違えやすいが「一同に」では一緒に、いっせいにという意味になる。

問26 答え　ア

「未聞」はいまだかつて聞いたことがないの意。前代見聞では意味が通じない。

読み方クイズ・動物&魚編

国語

問27 次の漢字（動物名）はなんと読む？

(1) 驢馬（　　　　）
(2) 羆（　　　　）
(3) 蝙蝠（　　　　）
(4) 羚羊（　　　　）

問28 次の漢字（鳥の名前）はなんと読む？

(1) 家鴨（　　　　）
(2) 雉子（　　　　）
(3) 朱鷺（　　　　）
(4) 翡翠（　　　　）

問29 次の漢字（魚の名前）はなんと読む？

(1) 鰈（　　　　）
(2) 鮴（　　　　）
(3) 愛魚女（　　　　）
(4) 氷下魚（　　　　）

問30 次の漢字（寿司ダネでおなじみ）はなんと読む？

(1) 鮃（　　　　）
(2) 鮪（　　　　）
(3) 鮑（　　　　）
(4) 鱸（　　　　）

答えはコチラ

問27 答え

(1) 驢馬（ロバ）
(2) 羆（ヒグマ）
(3) 蝙蝠（コウモリ）
(4) 羚羊（カモシカ）

問28 答え

(1) 家鴨（アヒル）
(2) 雉子（キジ）
(3) 朱鷺（トキ）
(4) 翡翠（カワセミ）

カワセミは体毛の鮮やかな青色から「飛ぶ宝石」とも呼ばれる。天然記念物のトキは「鴇」とも書く。

問29 答え

(1) 鰈（カレイ）
(2) 鮴（メバル）
(3) 愛魚女（アイナメ）
(4) 氷下魚（コマイ）

氷下魚はアイヌ語のコマエ（小さな音がする魚）が語源。厳冬期に氷の下で産卵し、氷を割って捕獲するのでこう書く。

問30 答え

(1) 鮃（ヒラメ）
(2) 鮪（マグロ）
(3) 鮑（アワビ）
(4) 鱸（スズキ）

三択クイズ・正しいのはどれ？

芸術

問31 少女マンガで瞳にキラキラの〝星〟を描いた最初のマンガ家は？

A 手塚治虫
B 池田理代子
C 水野英子

問32 宮崎駿のアニメ『天空の城ラピュタ』に登場するラピュタ（動く島）のヒントとなった物語は？

A『不思議の国のアリス』
B『ガリバー旅行記』
C『指環物語』

問33 マンガ『サザエさん』が最初に登場した新聞は？

A 朝日新聞夕刊
B 信濃毎日新聞
C 夕刊フクニチ

問34 江戸時代の日本で西洋風の油絵を描いていた人物は？

A 葛飾北斎
B 平賀源内
C 歌川国芳

答えはコチラ

問31 答え A 手塚治虫

手塚治虫の『リボンの騎士』（１９５３年「少女クラブ」で連載開始）が最初とされる。幼少時に親しんだ宝塚歌劇の雰囲気を伝える作品で、舞台照明を浴びた女優の瞳がヒントという。

問32 答え B『ガリバー旅行記』

『ガリバー旅行記 第三篇』に空飛ぶ島「ラピュータ」が登場する。Laputa はスペイン語の La puta（売春婦）をもじった呼び名だったため、スペイン語圏や北米では映画のタイトルが変更されている。

問33 答え C 夕刊フクニチ

記念すべき初登場は１９４６年4月22日、福岡の地方紙「夕刊フクニチ」紙上。49年12月から「夕刊朝日新聞」に移り、51年からは「朝日新聞」朝刊に連載、74年2月まで連載が続いた。

問34 答え B 平賀源内

発明家として知られる平賀源内は、西洋絵画の技法を紹介し、江戸末期には「秋田蘭画」という洋風画の一派にも影響を与えた。源内自身が描いた『西洋婦人図』という油絵が現存している。

設問を読んで一つ選んでください

問35 夏目漱石の小説『坊っちゃん』の登場人物ではないのはどれか？

赤シャツ　マドンナ　ヤマカガシ

うらなり　野だいこ　狸

問36 次のうちレオナルド・ダ・ヴィンチの作品でないものはどれか？

「受胎告知」「モナ・リザ」

「夜警」「最後の晩餐」

芸術

問37 次のうち「シェイクスピアの４大悲劇」でない作品はどれか？

「ハムレット」「ベニスの商人」

「マクベス」「オセロ」「リア王」

問38 次のうち、芥川龍之介の作品ではないのはどれか？

「蜘蛛の糸」「羅生門」「トロッコ」

「鼻」「どん底」「或阿呆の一生」

答えはコチラ

問35 答え ヤマカガシ

出てくるのは「山嵐」という会津出身の数学教師で、坊ちゃんとの友情も生まれる。マドンナ以外は坊ちゃんの同僚教師で、狸は校長のこと。

問36 答え 「夜警」

「夜警」はオランダの画家レンブラントの作品として有名。ダ・ヴィンチは多分野で才能を発揮したが、絵画作品は10数点しか残していない。

問37 答え 「ベニスの商人」

「ベニスの商人」はベネツィアを舞台に喜劇として書かれた戯曲。登場人物ではユダヤ人の金貸しシャイロックが有名。

問38 答え 「どん底」

「どん底」はロシアの社会主義的作家ゴーリキーの代表作。黒澤明の映画『どん底』の原作でもある。

三択クイズ・正しいのはどれ？

英語

問39 「できちゃった結婚」をアメリカで俗になんと呼ぶ？

A マミー・ウェディング
B ショットガン・マリッジ
C ダブルハッピー・マリッジ

問40 クマのぬいぐるみ「テディ・ベア」の愛称のもとになった人物は？

A ヘミングウェイ
B セオドア・ルーズベルト
C ジョン・ウェイン

問41 先進国首脳が集まる会議で「G7」などというGはなんの略？

A グループ（Group）
B 政府（Government）
C 世界的な（Global）

問42 英語で「ダイエットメンバー(Diet member)」といえばどういう意味？

A ダイエットをしている人
B 国会議員
C 減量指導員

答えはコチラ

問39 答え B ショットガン・マリッジ

これに当たる正式な英語はなく、ジョークまじりに使うことば。いきなり娘に妊娠していることを告げられた父親が怒り、ショットガンを抱えて相手の男のもとへ――いかにもありそうな光景が浮かんでくる。

問40 答え B セオドア・ルーズベルト

第26代大統領セオドア・ルーズベルト（愛称テディ）が狩りに行ったとき、子どものクマに出会い、だれにも撃たせないようにした。この話が新聞の風刺マンガに載り、玩具業者がアイデアをもらって「テディ・ベア」として売り出した。

問41 答え A グループ（Group）

G7、G8などは単純に group seven、group eight の略。ちなみにG7はアメリカ、イギリス、フランス、ドイツ、イタリア、カナダ、日本。

問42 答え B 国会議員

大文字で始まる Diet は日本などの「国会」の意味で、小文字の diet は制限食や減量の意味。米国の国会は Congress、英国の国会は Parliament。

どっちがホント？　記号で選んでください

英語

問43 手紙やメールの「追伸」の意味のP.S.とはなんの略？

ア pursuit（後追い）

イ postscript（追記）

問44 「食べ放題のレストラン」は英語でなんという？

ア バイキング・レストラン

イ オールユーキャンイート・レストラン

問45 R－15、R－18など映倫規定による「R指定」のRとは？

ア 制限された（restricted）

イ 遠慮する・見合わせる（reserve）

問46 同様に映画の「PG－12指定」などのPGとはなに？

ア 保護者の指導が必要（Parental guidance）

イ 保護者の監視が必要（Parental guard）

答えはコチラ

問43 答え　イ

もとは追加、補遺、後記などを意味するpostscript。さらに追伸が必要なときはP.P.S.と書く。

問44 答え　イ

日本でよく見られるバイキング（viking）は「海賊」のことで食べ放題の意味はない。all-you-can-eat、または北欧風の呼称のスモーガスボード（smorgasbord）を使う。

問45 答え　ア

英語のrestrictedは制限された、限られたの意味で、同様の意味のlimitedよりも強いニュアンスとなる。R－15、R－18の指定があれば15歳未満、18歳未満は原則として入場禁止。

問46 答え　ア

ＰＧはParental Guidance Suggestedの略で、ＰＧ－12は「12歳未満は保護者の同伴が望ましい」の意。主に暴力シーンを含む映画が対象となる。

次の問いに答えてください

算数

問47

□×1×3＝111　□×2×3＝222　□×3×3＝333であるとき、□に入る同じ2桁の数字はなにか？

問48

チョウやカブトムシなど昆虫を数えるときの単位は学術的には一つに統一されている。なんと数える？

問49

花びらは普通1枚2枚と数えるが、風に舞う桜の花びらはなんと数える？

問50

夏空にわき上がる入道雲を数える単位は？　これは三択で。

A　座

B　塊

C　道

答えはコチラ

問47 答え 37

むずかしく考えず、割り算で□を求めれば小学生レベル。

問48 答え 頭《とう》

チョウ1頭、ハエ1頭、カブトムシ1頭と、すべて頭で数える。欧米の文献でheadが使われていることに準じたもの。日常会話では1匹2匹やチョウの1羽2羽も間違いではない。

問49 答え 一片（ひとひら）二片（ふたひら）

日本語は数詞にも風流を大切にした。まだ花についた花びらは1枚2枚だが、舞い散る花びらはひとひら、ふたひらである。数輪まとまっている花房は一房、二房と数える。

問50 答え A 座

入道雲が山と同じように上空へ高くそびえたつことから、山の数え方になぞらえて、1座、2座と数える。

○か×で答えてください

保健体育

問 51

勝ち抜き制のトーナメントという方式は中世ヨーロッパの騎士の試合がルーツである。

問 52

野球のトーナメントなどで有力チームに与えられるシードとは「タネ」のことである。

問 53

プロ野球でおなじみの始球式の第1号は福澤諭吉である。

問 54

昔、谷町さんというパトロンがいたことから相撲の関取衆の後援者をタニマチという。

答えはコチラ

問51 答え ◯

中世ヨーロッパで行われた勝ち抜き制の馬上槍試合（甲冑をつけた騎士が長い槍で戦う模擬戦）をさす、古フランス語のtorneiement（騎士の競技）が語源。

問52 答え ◯

シード（seed）とは種子の意味。有力チーム同士が早い時期に対戦して消えてしまわないようシード指定し、大会の興味を最後までつなぐための「種」をまくわけである。

問53 答え ×

正しくは早大創設者の大隈重信。明治41年（1908）、アメリカから遠征した「リーチ・オール・アメリカン」と早稲田大学野球チームの試合で第一球を投じたもの。始球式の記録としては大リーグよりも古い。

問54 答え ×

タニマチは地名からきている。明治の末頃、大阪の谷町筋に開業していた相撲好きの医者が、故障した力士を無料で診察したことに由来する。

三択クイズ・正しいのはどれ？

社会

問55 日本で初めて建てられた鉄塔はどれか？

A 通天閣
B 東京タワー
C 博多ポートタワー

問56 東京タワーの鉄骨の材料に使われているのはどれか？

A 沈没した客船
B 都民が寄付した鉄鍋
C アメリカ軍の戦車

問57 完成すれば世界最高の鉄塔となる「東京スカイツリー」の耐震構造のモデルとなったものは？

A エッフェル塔
B 五重塔
C 東京都庁ビル

問58 全国で青色の光を放つ街灯を使用する町が増えてきている。この目的はなにか？

A 美観のため
B 防犯のため
C コスト軽減のため

答えはコチラ

問55 答え　Ａ　通天閣

初代は１９１２年竣工。現在のは二代目で１９５６年に完成。東京タワーは１９５８年完成。博多ポートタワーは１９６４年完成。

問56 答え　Ｃ　アメリカ軍の戦車

朝鮮戦争で使用されたアメリカ軍の戦車約３００両が民間に払い下げられ、解体して溶かし、鉄材として東京タワーの上部約３分の１に使用されている。

問57 答え　Ｂ　五重塔

中心を貫く心柱《しんばしら》と各層が異なる動きをすることで揺れを抑える五重塔の構造の原理が耐震設計に生かされている。東京スカイツリーの完成時の高さは６１０メートル。東京都墨田区に２０１２年開業予定。

問58 答え　Ｂ　防犯のため

イギリスのある町で青色の街灯にしたところ犯罪発生件数が著しく減少した。青色には鎮静効果があり衝動的行動を抑えるとされ、日本でも取り組みが行われている。

三択クイズ・正しいのはどれ？

社会

問59 選挙日の前日から「禁酒」が義務づけられている国はどこ？

A タイ
B ウズベキスタン
C エチオピア

問60 オーストラリアの選挙での投票率はどのくらいか？

A 約45％
B 約80％
C 90％以上

問61 インドネシアの選挙で行われる投票方法はどれ？

A 候補者の似顔絵を○で囲む
B 候補者の写真を釘で突き刺す
C 投票する候補者以外の顔を黒く塗る

問62 世界の中で選挙権が得られる年齢で最も若いのはいくつ？

A 満14歳
B 満15歳
C 満17歳

答えはコチラ

問59 答え A タイ

タイでは投票日前日の18時以降は法律で禁酒することが義務づけられている。選挙当日は「禁酒日」。酒に酔っていては正しい判断で投票ができないからという。

問60 答え C 90%以上

オーストラリアでは選挙を棄権すると法律で罰金が科せられるため、投票率は常に90%を超えるという。棄権すると審問書が届き、病気や急なけがなど特別な理由がない場合は20オーストラリアドルの罰金をとられる。

問61 答え B 候補者の写真を釘で突き刺す

インドネシアでは候補者の写真や政党のマークが書かれた投票用紙に釘で穴をあけて投票する。インドネシア語が読めない年配者に配慮した投票法である。

問62 答え B 満15歳

イランの15歳が最も若く、キューバ、ブラジルなどが16歳。ただしインドネシアでは17歳以上または既婚者、ドミニカ共和国も18歳以上または既婚者で、結婚していれば年齢を問わない。欧米諸国は18歳が多く、20歳の日本は遅いほう。

正しいのはどっち？ 記号で答えてください

家庭

問63 衣《ころも》に卵黄をまぜて黄金色に揚げる料理をなんという？

ア 金麩羅

イ 小判揚げ

問64 イセエビなどを殻をつけたまま煮付ける料理をなんという？

ア 具足煮

イ かぶと煮

問65 江戸時代、武士が食べるのをさけていたといわれる食べものは？

ア かぼちゃ

イ きゅうり

問66 せんべいとおかきはどうちがう？

ア 原材料のちがい

イ 製法のちがい

答えはコチラ

問63 答え　ア

水、小麦粉に卵黄を混ぜ合わせた衣を材料につけて黄金《こがね》色に揚げる。黄金揚げともいう。小判揚げはイカのすり身や芝エビなどを小判型に揚げる料理。

問64 答え　ア

具足とは武士の鎧《よろい》・かぶとのことで、イセエビやカニの殻も頭もつけたまま料理することから名が付いた。かぶと煮は魚の頭部をそのまま煮付けた料理。

問65 答え　イ

きゅうりの断面が徳川将軍家の葵《あおい》の御紋に似ていることから、食べるのは不敬にあたるとして、御家人ら武士や一部の庶民は輪切りにして食べるのをさけたといわれている。

問66 答え　ア

材料にうるち米を使ったものがせんべい、もち米を使ったものがおかき（かきもち）で、おかきの小粒のものをあられと呼ぶ。せんべいには小麦粉を使うものもある。

正しいのはどっち？ 記号で答えてください

芸術

問67 声楽の世界で、男性のアルト歌手のことをなんという？

ア カストラート
イ カウンターテナー

問68 雑誌名にもなった音楽用語「ダ・カーポ」の意味は？

ア「はじめから」
イ「ちゃんと見て」

問69 音楽用語で「カデンツァ」の意味は？

ア 無伴奏の独奏や独唱のこと
イ 休符間の演奏しない間のこと

問70 童謡「むすんでひらいて」を作曲したといわれるのは？

ア ジャン・ジャック・ルソー
イ モーパッサン

答えはコチラ

問67 答え　イ

カウンターテナーは男性のテノールよりさらに高いアルトを担当する。日本では『もののけ姫』のテーマ曲を歌った米良美一氏などがいる。カストラートとは、かつてソプラノやアルトを担当した、変声期前に去勢された男性歌手をいう。

問68 答え　ア

ダ・カーポ（da capo）は、曲の初めに戻り、もう一度くり返して演奏することを指示する記号。楽譜上は「D.C.」と略記される。

問69 答え　ア

カデンツァは楽曲の終止部分の直前に、独唱者や独奏者が自由に妙技を発揮するよう挿入されるパートをいう。元来はソロイストの即興に任せたが、作曲者が書く場合も多い。

問70 答え　ア

18世紀フランスの『社会契約論』で知られる思想家ジャン・ジャック・ルソーが作曲したオペラの一節が原曲だといわれている。のちに讃美歌や軍歌、童謡として各国で歌われるようになった。

○か×で答えてください

理科

問 71
イチジクは花が咲かないため漢字で「無花果」と書く。

問 72
オットセイのオスは1頭で30頭以上のメスを囲っている。

問 73
水槽で飼う熱帯魚はオシッコをしていない。

問 74
酒を飲みすぎるとノドがかれるのはアルコールで声帯が充血しすぎるため。

問 75
お風呂の中でオシッコがしたくなるのは腎臓の働きが活発になるため。

問 76
日本で売られている体重計は北海道、本州、沖縄で仕様が異なっている。

答えはコチラ

問71 答え ×

実際はひっそりと実の中で白い花を咲かせている。

問72 答え ○

オス１頭に対してメスが平均30〜50頭で、１００頭を従える強者《つわもの》も。ハーレムの王と呼ばれる所以である。

問73 答え ×

魚もオシッコをしている。水槽内にオシッコが充満して魚たちが窒息死してしまうこともある。

問74 答え ○

充血しすぎるとうまく声帯が振動しないため声がかれる。この状態でカラオケをやりすぎると声帯ポリープができることも。

問75 答え ○

温熱効果で血流が増え、腎臓が活発に尿を生成するため。ほかに水圧なども影響する。

問76 答え ○

北と南では重力に微妙な差があるため、北海道、本州、沖縄では別仕様になっている。

○か×で答えてください　社会

問77
国歌「君が代」には2番の歌詞もある。

問78
タコ焼きを買うと楊枝が2本ついてくるのは「お2人でどうぞ」の意味。

問79
アディダスの3本線は革靴の伸びを防ぐためのバンドだった。

問80
漢字に読みがなをふる「ルビ」は宝石のルビーが語源である。

問81
ヨーロッパでは馬蹄は悪魔よけのおまじないである。

問82
神社にハトが多いのは、ハトは天神様の使いとされていたから。

答えはコチラ

問77 答え ○

明治21年発行『小学唱歌集初編』掲載の2番は「君が代は　千尋《ちひろ》の底の　さざれ石の　鵜《う》のゐる磯と　あらはるるまで　かぎりなき　みよの栄を　ほぎたてまつる」。

問78 答え ×

楊枝1本ではタコ焼きを落としたりくるくる回って食べづらいので、本来は楊枝2本を使って食べる。

問79 答え ○

革の補強と実用性のための3本線がブランドマークとなった。

問80 答え ○

昔、イギリスで活字の大きさ（ポイント数）を示すときダイヤやルビーなど宝石になぞらえて呼んだ、その名残りである。

問81 答え ○

10世紀にカンタベリー大司教が悪魔を退治し「ドアに馬蹄を打ち付けた家には近づかない」と誓わせた。以後馬蹄をドアのノッカーにして魔除けにする風習が広まった。

問82 答え ×

天神様ではなく八幡神の使いとされて尊重された。

どっちがホント？ 記号で答えてください

理科

問83 毒ヘビ同士が咬みあったらどうなる？

ア ほとんど影響なし
イ 死んでしまう

問84 深海魚はなぜ水圧でつぶれないのか？

ア 分厚い鎧《よろい》のような皮膚を持つため
イ 海綿体のように皮膚が水を吸収するため

問85 「赤い汗をかく」といわれる動物は？

ア マレーバク
イ カバ

問86 競走馬サラブレッドの血統をさかのぼると何頭の馬に行き着くか？

ア 3頭
イ 7頭

問87 マジシャンはなぜマジックにハトを使うのか？

ア 死んでもすぐ取り替えがきくから
イ 暗いところでおとなしくなるから

問88 花火大会のクライマックス「スターマイン」とはどんな花火をさす？

ア 短時間に連続する打ち上げ花火
イ いちばん大きく華やかな新作花火

答えはコチラ

問83 答え　ア

免疫を持っているため咬みあっても毒の影響は出ない。例外は神経毒という猛毒を持つコブラで同士討ちでも死ぬ危険あり。

問84 答え　イ

深海魚の皮膚は海綿体のように水を吸収し、浸透圧を調整する機能を持つ。浮袋はなくなっているか空気の代わりに油が詰まった状態になっている。

問85 答え　イ

汗腺がないので正確には汗ではなく分泌物。酸化すると赤くなる。紫外線を遮断し、抗菌作用で皮膚を守るという。

問86 答え　ア

17世紀にアラブ馬とイギリス在来種の馬を交配したのが始まり。現在残っているのは「三大始祖」と呼ばれる3頭の系統のみ。

問87 答え　イ

ハトは周りを暗くするとすぐおとなしくなる習性があり、マジックで仕込むのに好都合という。

問88 答え　ア

打ち上げ花火の種類をさすわけではなく、数種類の打ち上げ花火を組み合わせて短時間に連射する仕掛け花火の総称。「速射連発花火」ともいう。

次の問いに答えてください

保健体育

問89 鼻と口の間にある縦のみぞをなんというか？

問90 うなじの中央のくぼんだ部分をなんというか？

問91 「ひかがみ」とは体のどの部分をさすか？

問92 ここから二択。ヒトの乳首のまわりのブツブツはなんなのか？

ア 毛根が拡大したもの
イ 乳頭が退化したもの

問93 体に静電気がたまるとどんな影響がでるか？

ア 集中力が高まる
イ 疲労がたまる

問94 風邪や花粉症などで鼻水が止まらないとき、一日最大どのくらいの量が出るのか？

ア １００cc程度
イ ４００cc程度

答えはコチラ

問89 答え 人中《じんちゅう》

にんちゅう、水溝穴《すいこうけつ》ともいう。天の気を集める集約点とされ、東洋医学ではとくに重んじ、人体の急所とされる。

問90 答え 盆のくぼ

坊主頭だと目立つため「坊のくぼみ」からきたとか、盆が後頭部を意味するなどの説あり。

問91 答え 膝の後ろのくぼんだ部分

漢字では膕と書く。膝窩《しっか》、よぼろ、よほろ、ともいう。

問92 答え イ

モントゴメリー腺という乳腺の開口部で、ウシのように複数乳頭だった名残り。いわば不要な乳首が退化したアト。

問93 答え イ

体内のカルシウム代謝を早める原因となり疲れがたまる。また、精神的にイライラするようになり集中力が低下する。

問94 答え ア

大量に出ている気がしても1日で100cc前後。尿に比べれば少ない。

三択クイズ・正しいのはどれ？

理科

問95 天気予報の「平年並み」とはなにを基準にしている？

A 過去15年間のデータ
B 過去30年間のデータ
C 過去50年間のデータ

問96 なぜお城の中や周囲には松の木がたくさん植えられていたのか？

A 常緑を保つので繁栄の象徴
B 非常時の燃料や食料にした
C 松竹梅で位の高さを表した

問97 ネコにドッグフードを与え続けるとどうなるか？

A 鳴き声が変わる恐れがある
B 体毛が抜けてしまう恐れがある
C 失明する恐れがある

問98 イヌやネコに食べさせてはいけないものはどれ？

A ネギ・タマネギ
B バナナ・メロン
C ナス・キュウリ

答えはコチラ

問95 答え B 過去30年間のデータ

最低気温、最高気温などに使われる「平年並み」とは、過去30年分の同じ日のデータから平均値を算出したものに、当日の予想データを比較して用いられる。

問96 答え B 非常時の燃料や食料にした

松脂《まつやに》は燃料や止血薬になり、松の皮の内側の白い生皮は、粉末状にして米や麦の粉を加えて松皮餅にする。Aも無関係ではないが戦争で籠城戦となったときの備えの意味が大きい。

問97 答え C 失明する恐れがある

ネコに必要なタウリンというアミノ酸がドッグフードにはほとんど含まれていない。ドッグフードだけを食べ続けたネコはタウリンが欠乏し、次第に網膜の中心部が変形、最終的に失明する可能性が高い。

問98 答え A ネギ・タマネギ

長ネギやタマネギに含まれるアリルプロピルジスルフィドという物質はイヌ・ネコの赤血球を破壊し、溶血性貧血を引き起こす。急性中毒の場合血尿が出たり下痢、嘔吐を起こし、最悪の場合死に至る。

どっちがホント？ 記号で答えてください

社会

保健体育

問 99 被告人が留置場を出るために支払った保釈金の過去最高額はいくらか？

ア 12億円

イ 20億円

問 100 暴力団関係者が縄張りの飲食店から定期的に取り立てるお金をなんというか？

ア みかじめ料

イ 見回り金

問 101 野球のユニフォームに最初に背番号を付けたチームは？

ア ニューヨーク・ヤンキース

イ ブルックリン・ドジャース

問 102 漢字で書くとサッカーは蹴球、バスケットボールは籠球、ではアメリカンフットボールは？

ア 闘球

イ 鎧《がい》球

問 103 テニスのスコアで0点のことをなぜ「ラブ」というか？

ア 0をフランス語でラフ（卵）と呼んだ

イ ゲームも愛もゼロから始まることにかけた

問 104 フライングディスクをなぜ「フリスビー」と呼ぶ？

ア 考案者の愛犬の名前

イ 近所にあったパン屋の名前

答えはコチラ

問99 答え　イ

２００８年現在では、牛肉偽装事件で逮捕されたハンナン株式会社の浅田満被告が支払った20億円が最高額。

問100 答え　ア

場所代・挨拶料や、何かあったときの用心棒代という意味で守料ともいう。違法だが悪習として残っている地域も多い。

問101 答え　ア

ヤンキースタジアムが大きすぎて選手の見分けがつかないため考案された。当時は打順に合わせて番号を付けたのでベーブ・ルースは３番、ルー・ゲーリックが４番だった。

問102 答え　イ

鎧はプロテクターのこと。闘球はラグビー。

問103 答え　ア

０が卵に似ているのでフランス語で卵＝ラフ（l'oeuf）と呼ぶようになり、英語圏でもそれを使ううちにラブ（love）に転じたといわれている。

問104 答え　イ

フライングディスクはアメリカのイェール大学で流行したパイ皿投げが発祥。学生が使っていたのは近所の「フリスビー・ベーカリー」のパイ皿で、その後商品化する際に「フリスビー」が商標登録された。

○か×で答えてください

社会 家庭

問 105
ネコは6世紀の仏教伝来とともに日本にやってきた。

問 106
飲食店の入り口に置かれる「盛り塩」は客を呼ぶおまじないである。

問 107
和包丁と洋包丁のちがいは鉄の焼き入れの方法が異なること。

問 108
懐石料理の懐石とは温めた石を懐に入れて空腹をしのぐことに由来。

問 109
ペットボトルのお茶に必ずビタミンCが入っているのは健康のため。

問 110
パイプカットの手術をすると精子は生産されなくなる。

答えはコチラ

問105 答え ○

6世紀半ばに日本に仏教が伝来したとき、経典をネズミにかじられるのを防ぐため一緒にネコが連れてこられたという。それ以前にネコの記録は見られない。

問106 答え ○

もともとは、ある愛妾が主人の乗る牛車を門前で止めるため、牛が好む塩を盛ったという中国の故事による。

問107 答え ×

最大のちがいは、合わせと呼ばれる和包丁が硬度の高い鋼を軟鉄で包み込む構造になっていることと、片刃と両刃があること。洋包丁は軟鉄を使わず両刃のみ。

問108 答え ○

禅宗の修行僧は温石《おんじゃく》を懐に入れて空腹をなだめた。それと同じ程度に一時の空腹をしのぐ軽い料理を懐石といった。

問109 答え ×

お茶のカテキンは空気に触れて酸化してしまうと変色したり味が落ちるので、酸化防止のためにビタミンCを入れている。

問110 答え ×

パイプカットは精子の通り道を塞《ふさ》いでしまうこと。精子も精液も生産されるが、射精した精液の中には精子が含まれない。

どっちがホント？ 記号で答えてください

国語

問111 いなり寿司と太巻きの入った「助六寿司」の名前の由来は？

ア 歌舞伎の人気演目『助六』にあやかった

イ 江戸の助六という男が芝居見物用に考案した

問112 マグロの海苔巻きはなぜ「鉄火巻」と呼ぶのか？

ア マグロの赤身が焼いた鉄に似ているから

イ 賭場を意味する鉄火場で重宝されたから

問113 階段の途中のスペースをなぜ「踊り場」というのか？

ア 向きを変えるとき踊るように見えるから

イ 日本舞踊の小舞台に似ていたから

問114 結婚式や宴席で渡す手土産をなぜ「引出物」というのか？

ア 大勢に配るので「引く手あまた」が訛《なま》った

イ 馬などを「牽《ひ》き出して」くることをさした

答えはコチラ

問111 答え　ア

助六とは歌舞伎の『助六所縁江戸桜《すけろくゆかりのえどざくら》』の主人公で、惚れた相手は「揚巻《あげまき》」という名の高級遊女。「揚げ」は油揚げ、「巻き」は巻き寿司と江戸っ子のシャレで、いなり寿司と太巻きをセットにしたものを「助六寿司」と呼んだ。

問112 答え　イ

博打《ばくち》打ちが熱くなる賭場を鉄火場といい、片手でつまめ、めし粒が手につかないので賭場の腹ごしらえに重宝されたのでこう呼ばれたという。

問113 答え　ア

踊り場つきの階段は明治時代に西洋建築とともに伝わった。ドレスを着た婦人が階段途中の曲がる部分でターンすると、ドレスが翻るさまが踊っているように見えるというので「踊り場」と呼ぶようになった。

問114 答え　イ

公家の社会では「牽出《ひきだし》物」だったらしく、宴席の客への贈り物として牽き出してきた馬や鷹、犬などをさしていた。武家社会に引き継がれてのち、冠婚葬祭の席で贈る品をさすようになった。

○か×で答えてください

家庭

問115 和風料理の味つけの順序「さしすせそ」の「そ」は醤油である。

問116 「海藻と海草」は形状のちがいで分類されている。

問117 「そうめんと冷や麦」は製造工程と太さで分けている。

問118 「クッキーとビスケット」は原材料のちがいで分けている。

問119 「ウインナーとフランクフルト」は太さで分けている。

問120 「マカロニとスパゲッティ」は麺の長さで分けている。

答えはコチラ

問115 答え ×

さ（砂糖）し（塩）す（酢）のあと「せ」が醤油で「そ」は味噌のこと。

問116 答え ×

海藻は海に棲みついて胞子で繁殖する「藻類」のことで、海草は海中で花を咲かせ種子で繁殖する「植物」をいう。

問117 答え ◯

そうめんは小麦粉に油をまぜてねばりを出し、どんどん細く伸ばしていく。冷や麦は練って平たくしてそばのように切る。ＪＡＳ規格では直径1・3ミリ未満がそうめん、1・3ミリ以上1・7ミリ未満が冷や麦。

問118 答え ×

本来は区別しない。アメリカではすべてクッキー、イギリスではすべてビスケットと呼ぶ。一般には手作り風で風味よく焼き上げたものがクッキー。

問119 答え ◯

ＪＡＳ規格ではウインナーは太さが20ミリ未満。フランクフルトは太さが20ミリ以上35ミリ未満と規定している。

問120 答え ×

ＪＡＳ規格ではマカロニは2・5ミリ以上の太さで管状に成形したもの。太さ2・5ミリ未満であればスパゲッティ。

おつかれさまでした！ 第3章フィニッシュです

第3章中級編 採点表

あなたの正解数 ▶ □ 問

雑学クイズ 計 **120** 問

第3章中級編のクイズは計120問。内訳は次のとおりです。分野（科目）別の正解数をチェックしたい人は、□の中に正解した数を書き込んでください。

国語─14問 □　**社会─28問** □
英語─8問 □　**算数─4問** □
理科─20問 □　**芸術─12問** □
家庭─20問 □　**保健体育─14問** □

「社会」「理科」が強化され、漢字の読みなどの王道ネタも登場。これで全500問中の324問が終了、「雑学王への道」もいよいよヤマ場ですが、好成績に喜ぶのも、出来の悪さに絶望するのもまだ早い！

雑学王への道

〝雑学脳〟の柔軟な発想でクイズにもトライ！

◎正解数100問以上の人……優秀です！　とはいっても中級編は中学校クラス。ここまではいわば雑学の義務教育なので、好成績でもけっして奢《おご》らぬこと。この調子を維持して4章5章もがんばって。

◎正解数85～99問の人………悪くないです。平民から貴族くらいにはのし上がれる成績です。三択や○×で取りこぼしがないかチェックして、後半戦に気合を入れてのぞめば雑学王の道が開けてきますよ。

◎正解数70～84問の人………「英語」や「算数」、漢字クイズなど、苦手意識を持っているといい結果が出ません。シビアな難問はないので、〝雑学脳〟の柔軟な発想で答えていきましょう。

◎正解数55～69問の人………雑学王の道ははるか遠くにかすんで見える？　いえいえここで諦める必要はなし。まだまだクイズはたっぷりあります。「へーっ」とか「そうだったのか」と楽しみながらトライすれば、きっといい結果が待っています。

◎正解数55問未満の人………半分もできなかったのは寂しいですね。でも「全然ダメだ」なんて思わないで。○×や二択でもこれだけハズレるのは特殊な才能（？）かも。明るく前向きにがんばって。

第4章

高校・大学レベルは目標8割クリア

手ごたえずっしり！
上級編

第４章は１０４問。いよいよ手ごわい問題も出てきます。雑学難易度は高校・大学レベル。とは言っても雑学に本当の難問というのはありません。楽しみながらトライして、この章が終われば雑学王の座はもう目前、雑学プリンス＆雑学プリンセスくらいになれますよ。

三択クイズ・正しいのはどれ？

社会

問1 キャンディ菓子「チュッパチャプス」のロゴのデザインをした画家はだれ？

A ダリ
B ピカソ
C 村上隆

問2 パソコンのマウスを動かしたときの移動量の単位は次のうちどれ？

A チーズ
B ピクセル
C ミッキー

問3 太刀魚《たちうお》の体を覆っている銀色の色素は何に使われているか？

A 銀紙
B マニキュアのラメ
C スパンコール

問4 コンビニのおでんが一番よく売れるのは何月か？

A 12月〜1月
B 2月〜3月
C 9月〜10月

答えはコチラ

問1 答え A ダリ

1969年、チュッパチャプスの創業者は世界展開を前に高名な画家サルバドール・ダリにデザインを依頼。デージーの花に文字を載せたロゴマークが生まれた。

問2 答え C ミッキー

マウスの移動距離を表わす単位で、1ミッキー（micky）は100分の1インチ（約0・25ミリ）。命名者はマイクロソフト社の開発者だったクリス・ピーターズ。

問3 答え B マニキュアのラメ

太刀魚にはウロコがなく、体の表面は銀白色のグアニン質の層で覆われている。ここから採取される銀粉はマニキュアのラメや模造真珠などの原料になる。

問4 答え C 9月～10月

最近のコンビニでは一年中おでんを売る店も多いが、寒さがきびしい真冬よりも、〝体感気温〟がぐっと下がって肌寒く感じる9月～10月の秋口が最も売れるという。

三択クイズ・正しいのはどれ？

理科

問5 花火大会で打ち上げられる三尺玉（直径約90センチ）は、上空で開いたときの直径はどのくらいになるのか？

A 約１５０メートル
B 約３００メートル
C 約５００メートル

問6 医師の手術衣や手術室の色が、青みがかったグリーン系なのはなぜか？

A 緊張を抑えるため
B 色残像を防ぐため
C 眼を休めるため

問7 その発光のしくみから「冷光」とも呼ばれる生物はなにか？

A ホタル
B ホタルイカ
C 夜光虫

問8 イルカはどうやって砂に埋まった獲物を見つける？

A 水を吐き出して砂をはらう
B 超音波を利用する
C 尾ビレで砂を一気にはらう

答えはコチラ

問5 答え C 約５００メートル

ドンと打ち上げて高度は６００メートル、パッと開いて直径５００メートルにもおよぶ。このスケールの大きさがあってこそ何万人もの見物客を魅了するわけである。

問6 答え B 色残像を防ぐため

手術中に大量の血や赤い臓器を見続けると、人間の眼には「色残像《いろざんぞう》」という現象が起きて、赤と補色になる青緑色のシミが視界に生じるようになる。手術衣の青緑色はこの「色残像」を抑えるための工夫なのだ。

問7 答え A ホタル

ホタルは腹部にある発光器の中で、ルシフェリンという物質と特殊な酵素が複雑な化学反応を起こして発光する。熱やエネルギーを生じないので「冷光」と呼ばれる。

問8 答え B 超音波を利用する

イルカはモノの位置や距離などを目視によってではなく、前頭部から出す超音波の反響によって測定している。「エコロケーション」と呼ばれるこの機能は潜水艦のソナーシステムと同じ仕組みで、イルカは目隠ししてもぶつからずに泳ぐ。

三択クイズ・正しいのはどれ？

芸術

問9 海外では「犬のワルツ」「ノミのマーチ」などと呼ばれる曲の日本語名は？

A「ウサギのダンス」
B「ネコふんじゃった」
C「ずいずいずっころばし」

問10 有名人をつけ回して写真を撮る「パパラッチ」の語源となった映画は？

A クロード・ルルーシュの『男と女』
B フェリーニの『甘い生活』
C トリュフォーの『アメリカの夜』

問11 アメリカ映画でさまざまな事情で監督名を出せなくなったとき、監督のクレジットはなんと記載されていたか？

A アラン・スミシー
B アノ・ニマス
C ジョージ・サムワン

問12 演劇などの舞台の用語で「ゲネプロ」とはどんな意味？

A 無料招待日
B 本番当日の稽古
C 総通し稽古

答えはコチラ

問9 答え Ｂ「ネコふんじゃった」

この曲は世界各国でさまざまな呼び名で親しまれている。ロシアでは「犬のワルツ」、ドイツ周辺では「ノミのワルツ」、オランダ「ノミのマーチ」、フランス「カツレツ」、スペイン「チョコレート」など。

問10 答え Ｂ フェリーニの『甘い生活』

フェデリコ・フェリーニ監督のイタリア映画『甘い生活』に登場する報道カメラマンの名前パパラッツォ（Paparazzo）が由来。もとはヤブ蚊の意味。

問11 答え Ａ アラン・スミシー

監督が途中で降板したり、なんらかの事情で名前を出したくないときに使用された架空の監督名がアラン・スミシー。使用には全米監督協会の認定が必要で、１９９９年頃まで使われたという。

問12 答え Ｃ 総通し稽古

ドイツ語で総稽古を意味するゲネラールプローベ（Generalprobe）を略したことば。本番と同じ設定での最終的な通し稽古で、業界では「ゲネ」や「ＧＰ（ゲーペー）」「総舞台稽古」などともいう。

どっちが正しい？ 記号で答えてください

国語

問13 服装などが華美なことをいう「派手」の語源はなに？

ア 太鼓の乱れ打ちから

イ 三味線の奏法から

問14 「野次馬」とはもともとはどんなウマをさした？

ア 親父馬が詰まったもの

イ 意地の悪い馬のこと

問15 「ろれつが回らない」の〝ろれつ〟とはなんのこと？

ア 歌舞伎役者のセリフ回しのこと

イ 雅楽の音階のこと

問16 「切《せっ》羽《ぱ》詰まる」の〝切羽〟とはなんのこと？

ア 刀のつばの表裏に添える金具のこと

イ 採掘場で使う火薬のこと

答えはコチラ

問13 答え　イ

もともとは三味線の組歌の用語で、昔からの基本的な弾き方である「本手」に対して、新しい異風の弾き方で破格の手法をさす「破手」を語源とする。

問14 答え　ア

親父馬（年老いたオス馬）は体力も精気も落ちて若い馬のあとばかりついて歩くようになる。そこからただ面白半分に人のあとにくっついて行動したり、見物しながら騒ぐだけで役に立たない連中をこう呼ぶ。

問15 答え　イ

漢字では「呂律」で雅楽の「呂《りょ》」と「律《りつ》」という音階のこと。2つの音階が合わないと調子が乱れることから転じて、舌がよく回らず言語不明瞭なことを「呂律が回らない」というようになった。

問16 答え　ア

刀のつばが柄《つか》と鞘《さや》に接するところの両面に添える金物が切羽で、これが詰まると刀が抜けなくなるので、物事がさしせまってどうにも切り抜けられなくなる、追いつめられた状態をさすようになった。

読み方クイズ・動植物上級編

国語

問17 次の漢字（動物名）はなんと読む？

(1) 貂（　　　）
(2) 梟（　　　）
(3) 鼬（　　　）
(4) 獺（　　　）

問18 次の漢字（昆虫名）はなんと読む？

(1) 蝗（　　　）
(2) 蜻蛉（　　　）
(3) 蟋蟀（　　　）
(4) 蟷螂（　　　）

問19 次の漢字（植物名）はなんと読む？

(1) 山茶花（　　　）
(2) 百日紅（　　　）
(3) 仙人掌（　　　）
(4) 馬酔木（　　　）

問20 次の漢字（植物名）はなんと読む？

(1) 杜若（　　　）
(2) 黄楊（　　　）
(3) 辛夷（　　　）
(4) 苧環（　　　）

答えはコチラ

問17 答え

(1) 貂（テン）
(2) 梟（フクロウ）
(3) 鼬（イタチ）
(4) 獺（カワウソ）

テンはイタチの仲間で毛皮は高級品。ちなみにフクロウの仲間のミミズクは木菟と書く。

問18 答え

(1) 蝗（イナゴ）
(2) 蜻蛉（カゲロウまたはトンボ）
(3) 蟋蟀（コオロギ）
(4) 蟷螂（カマキリ）

(2)は藤原道綱母《ふじわらのみちつなのはは》の『蜻蛉日記』でも有名。古来トンボとカゲロウは混同されがちで、カゲロウを「蜉蝣」と書いて区別することもある。

問19 答え

(1) 山茶花（サザンカ）
(2) 百日紅（サルスベリ）
(3) 仙人掌（サボテン）
(4) 馬酔木（アシビ）

(2)はサルでも滑るほど樹皮がなめらかな樹木。赤い花が長く咲くので百日紅の字を当て、ヒャクジツコウの別名もある。

問20 答え

(1) 杜若（カキツバタ）
(2) 黄楊（ツゲ）
(3) 辛夷（コブシ）
(4) 苧環（オダマキ）

カキツバタは燕子花とも書く。オダマキは花の形が機《はた》織りの糸巻きに似ているから名が付いたという。

三択クイズ・正しいのはどれ？

家庭

問21 カルピスのパッケージにある水玉模様は何をイメージしている？

A プールの泡

B 炭酸水の気泡

C 天の川

問22 インスタントラーメンの粉末スープを火を止めてから入れるのはなぜ？

A やけどの防止のため

B 吹きこぼれ防止のため

C 風味が落ちるのを防ぐため

問23 次の料理道具のうち、人の名前が語源とされるのは？

A 庖丁

B まな板

C お玉

問24 洗面所などの排水パイプがSの字に曲がっているわけは？

A 汚水の逆流を防ぐため

B 虫の侵入を防ぐため

C 詰まったとき修理しやすいため

答えはコチラ

問21 答え　C　天の川

カルピスが七夕の日（１９１９年7月7日）に発売されたことにちなんで、天の川をイメージした水玉模様の包装紙が１９２２年から採用された。当初は青地に白い水玉だったが53年から白地に青の水玉となり、現在まで続いている。

問22 答え　C　風味が落ちるのを防ぐため

火を止めずにスープを入れて煮込んでしまうと、麺から溶け出したでんぷんやかんすいがスープと混ざり合い、味が濁ったり香りが飛んでしまう。液体スープや調味オイルを食べる直前に入れるのも香りや風味を最大限に生かすための工夫だ。

問23 答え　A　庖丁

庖丁《ほうてい》とは中国では料理人のことだが、『荘子』という古典に〝料理名人の丁〟（庖丁）という人物が出てくる。まな板のまな（真魚）は魚のこと。お玉はお玉杓子の略。

問24 答え　B　虫の侵入を防ぐため

配水管を途中で上向きにカーブさせることで、パイプの中に常に一定量の水が溜まる。これがフタの役目をして、パイプを伝って虫が入るのを防いでいる。

○か×で答えてください

社会

問 25 碁盤の脚はクチナシの実を模し、対局に口出し無用の意味がある。

問 26 江戸の町火消しが振るう纏《まとい》の丸い飾りはケシの実を模したもの。

問 27 「ヱビスビール」は東京・恵比寿で生まれたから名前が付いた。

問 28 レオタードの語源は中世の騎士がはいていたタイツである。

問 29 高級ブランドのエルメス、グッチはもとは馬具を作っていた。

問 30 ホットドッグはもともと犬のおやつ用に考案された。

答えはコチラ

問25 答え ◯

脚は丸みを帯びたクチナシの実の形に作られ、「打ち手は無言、対局者に口を挟むな」という〝口無し〟の意味を含んでいる。

問26 答え ◯

纏《まとい》は組ごとにデザインがちがうが、てっぺんの飾りは火消しにかけた「ケシの実」の丸い形が多い。江戸っ子らしいシャレ。

問27 答え ×

先に「ヱビスビール」がこの地で生産され、出荷量が増えたため鉄道駅ができて町が発展、地名や駅名になった。

問28 答え ×

19世紀フランスの空中曲芸師ジュール・レオタールという男性が、体にピッタリフィットする衣装を着用したのが名前の由来。

問29 答え ◯

いずれも馬車の時代には上流階級向けの馬具メーカーだった。エルメスの四輪馬車のマークはその象徴で、現在も馬具を扱う。

問30 答え ×

パンに挟む長いソーセージを「ダックスフントソーセージ」といったが、新聞記事にする際、マンガ家がスペルを忘れて「Hotdog」と書いたことから広まったもの。

次の問いに答えてください

数学

問31

正四面体、正六面体など、正多面体と呼ばれるものは何種類あるか？

問32

ある数の約数（割り切れる数）を（その数自身を除いて）すべて足した和が、ある数に等しいとき、その数を数学の世界ではなんと呼ぶか？

(例) 6の約数は1、2、3
1＋2＋3＝6

問33

1の位以下の数の単位を漢字で示すと分・厘・毛・糸……と小さくなっていく。10のマイナス16乗を瞬息といい、刹那、弾指という単位もある。次のうち正しい順番はどっちか？

ア 瞬息＞弾指＞刹那＞
イ 弾指＞刹那＞瞬息＞

問34

3つの整数の和が3となる場合の数は〈1、1、1〉の1通りしかない。3つの整数の和が4となる場合の数は〈1、1、2〉の1通りしかない。では3つの整数の和が5となるような場合の数は？

答えはコチラ

問31 答え **正四面体、正六面体、正八面体、正十二面体、正二十面体の5種類**

正多面体の定義は〝すべての面が同一の正多角形で構成され、すべての頂点に接する面の数が等しい多面体〟のこと。「プラトンの立体」とも呼ばれる。

問32 答え **完全数**

西洋では6という数は、神（1）・男（2）・女（3）を含む「世界」を表現しているので完全数と呼んだらしい。完全数は6以外に、28、４９６などがある。

問33 答え **ア**

10の$^{-16}$乗＝瞬息、10の$^{-17}$乗＝弾指、10の$^{-18}$乗＝刹那である。以下、10の$^{-19}$乗＝六徳、10の$^{-20}$乗＝虚空（または空虚）、10の$^{-21}$乗＝清浄と、小さくなっていく。

問34 答え **〈1、1、3〉と〈1、2、2〉の2通り**

どう考えてもこの2通りしかない。むずかしく考えないコト。

どっちがホント？ 記号で答えてください

保健体育

問35 大相撲の仕切りで「制限時間いっぱい」とは何分なのか？

ア 4分

イ 6分

問36 大相撲で「取組」が決められるのはいつ？

ア 場所が始まる3日前

イ 取組の前々日か前日

問37 相撲の世界で「ソップ」と呼ばれるのは？

ア 無愛想な力士

イ やせた力士

問38 相撲の世界で「エビスコ」呼ばれるのは？

ア 大食いのこと

イ 腰が弱いこと

答えはコチラ

問35 答え ア

呼出が東西力士の名を呼び終わったときから時計係が計り、幕内は4分と決まっている。十枚目は3分、幕下以下は2分以内。時間いっぱい後の立ち合いで両手を下ろしたときは「待った」は認められない。

問36 答え イ

本場所の初日と2日目は前々日に、場所中は取組の前日に、審判部が番付上位の力士から順に決めていく。現在は（優勝決定戦以外）同部屋の力士や兄弟対戦はない。

問37 答え イ

相撲部屋で食べるちゃんこ鍋には「水炊き」と鶏ガラのスープで肉や野菜を煮て食べる「ソップ炊き」があり、鶏ガラのようにやせている力士をソップという。反対に太った力士はアンコ。

問38 答え ア

たくさん食べることをエビスコを決めるなどという。由来は不明だが、大きな魚を抱えた大漁の神エビス様に関連か。

どっちがホント？　記号で答えてください

保健体育　社会

問39 ボクシングなどの練習に使われるサンドバッグの中身はなに？

ア 川砂

イ 布類

問40 タイガー・ウッズの〝タイガー〟という名前はニックネーム？

ア ニックネーム

イ 本名

問41 鉛筆の芯の記号のHはHARD（硬い）、BはBLACK（黒い）だが、真ん中のFはどんな意味か？

ア FIRM（しっかりした）

イ FORCEFUL（力強い）

問42 日本の鉛筆メーカーでは芯の記号で何種類の鉛筆を販売しているか？

ア 6Bから9Hまでの17種類

イ 10Bから10Hまでの22種類

答えはコチラ

問39 答え　イ

昔は本当に砂が入っていたが、拳《こぶし》などを傷めてしまうため現在は使われていない。代わりに細かく刻んだ布のほかスポンジやウレタンなどが入っている。サンドバッグは和製英語。

問40 答え　イ

本名はエルドリック・ウッズだが、父親の親友がタイガーと呼ばれていたため息子にニックネームとしてつけ、１９９６年に正式にエルドリック・タイガー・ウッズに改名している。

問41 答え　ア

Ｆの硬度はＨＢとＨの間に位置し、硬度や書き味が全体の中間とされるＨＢよりはしっかりした書き味が得られる。

問42 答え　イ

従来は17種類だったが、２００８年10月より三菱鉛筆が10Ｂ、９Ｂ、８Ｂ、７Ｂ、10Ｈを追加し、計22種類の硬度の鉛筆を販売している。

○か×で答えてください

家庭

問43 畳の寸法は京間、中京間、江戸間の3種類である。

問44 自動車のガソリンの給油口はマフラー（排気管）のある側にある。

問45 洋菓子のエクレアのもとの意味は「いなずま」である。

問46 利久煮、利久揚げなど「利久」の名がつく料理はゴマを使う。

問47 食用の「SPF豚」とは無菌状態で育てられた豚のこと。

問48 ドイツのキャベツ料理ザワークラウトは酢とキャベツだけで作る。

答えはコチラ

問43 答え ×

３種以外に六一間、団地間（公団サイズ）のほか地方独自のサイズもある。

問44 答え ×

マフラーは熱を持つため、ガソリンに引火しないよう給油口は反対側に設置される。

問45 答え ◯

雷・稲妻の意味のフランス語エクレールéclairが名前の由来。中のクリームがはみ出ないよう稲妻のように一瞬で食べなくてはいけないから、など諸説あり。

問46 答え ◯

茶人・千利休がゴマを好み料理によく用いたことに由来。料理屋などでは「休」の字をさけて「利久」と書くようになった。

問47 答え ×

ＳＰＦは「特定の病原体を持っていない」の意味。安全性は高いが完全な無菌状態ではないので生食はさけたほうがよい。

問48 答え ×

ザワークラウトはドイツ語で「すっぱいキャベツ」、酸味が特徴だが酢は使わずキャベツと塩のみで自然発酵させて作る。

正しいのはどっち？ 記号で答えてください

芸術

問49 作家・太宰治を偲《しの》んで命日に行われる催しをなんというか？

ア 桜桃忌

イ 斜陽忌

問50 葛飾北斎の浮世絵風景画の代表作『富嶽三十六景』は、全部で何枚の絵があるか？

ア 38枚

イ 46枚

問51 世界的に有名な浮世絵春画『歌まくら』を描いたのはどっち？

ア 喜多川歌麿

イ 歌川国貞

問52 19世紀後半、日本の浮世絵に大きな影響を受けたとされる画家は？

ア ゴッホ

イ ルノワール

答えはコチラ

問49 答え ア

毎年、入水自殺した遺体が発見された6月19日（太宰の誕生日でもある）に、墓のある三鷹市・禅林寺で行われている。

問50 答え イ

当初36枚で完結する予定だったが、大変な人気を呼んだため10点が追加され、合計46枚の絵がある。追加の10点は「裏富士」と呼ばれる。

問51 答え ア

『歌まくら』は男女のさまざまな性態を描いた組物で春画の最高傑作ともいわれる。歌麿の春画は海外ではＵＴＡＭＡＲＯの名で呼ばれ、大変評価が高い。

問52 答え ア

19世紀後半フランスではジャポニズム（日本趣味）ブームが起こり、モネ、マネ、ゴッホ、ゴーガンらに多大な影響を与えた。ゴッホの絵には人物の背後に浮世絵が多数飾られたものも見られる。

三択クイズ・正しいのはどれ？

英語

問53 新世代光ディスク「ブルーレイディスク」のスペルで正しいのはどれ？

A Blu-lay Disc

B Blu-ray Disc

C Blue-ray Disc

問54 億万長者が利用する租税回避地、いわゆる〝タックスヘイブン〟のスペルは？

A tax haven

B tax heaven

C tax heven

問55 大学などで使われる「101《ワンオーワン》」という英語はどんな意味か？

A 基礎・初級

B 合コン

C 合格・進級

問56 「プラスアルファ」がなぜ〝それ以上の何か〟の意味を持つのか？

A 数学の未知数を示す記号から

B 野球のXゲームから

C ギリシャ語のαの語源から

答えはコチラ

問53 答え B Blu-ray Disc

「Blue-ray」ではなく「Blu-ray」になっているのは、英語圏では「青い光ディスク」という一般名詞と解釈されて、商標登録が認められない可能性があるため。

問54 答え A tax haven

誤解しやすいがtax heaven（税金天国）ではない。haven は避難所の意味。タックスヘイブンとしてはケイマン諸島やバミューダ島、モナコなどが有名。

問55 答え A 基礎・初級

ワン・オー・ワンと読み、授業の初級クラスにつけられる番号。新入生が最初にとる基礎的な入門講義をさし、基礎・初級という意味でも使う。

問56 答え B 野球のXゲームから

野球で後攻チームの勝ちが決まり9回裏がないときXをスコアボードに書くが、これをαと読み違えてプラスアルファという表現ができたという。攻撃していれば得点は未知数なので〝それ以上の何か〟の意味が生まれたらしい。他にも諸説あり。

海外で通じる？ ○か×で答えてください

英語

問 57 旅先でも温暖化抑止のためアイドリングストップ（idling stop）を実行。

問 58 ゲームセンターで遊ぶためゲームアーケード（game arcade）をさがす。

問 59 ホテルのスイートはカップルが甘い時間を過ごすから sweet room。

問 60 のどが乾いてサイダーを飲みたくなったので pop を注文した。

問 61 ベビーカー（baby car）に子どもを乗せてスーパーで買い物しよう。

問 62 キーホルダー（keyholder）をなくしたのでフロント（front）に伝えにいく。

答えはコチラ

問57 答え ×

アイドリングストップ（idling stop）はアイドリングしたまま停止するという意味。英語圏では stop idling か idle reduction。

問58 答え ○

またはビデオゲームアーケード（video game arcade）か video game parlor という。ゲームセンターでは通じない。

問59 答え ×

スイートルームのスイートは寝室が別になった続き部屋を意味する suite。

問60 答え ○

炭酸が飲みたいときは pop か soda でよい。cider を注文するとリンゴジュースが出てくることが多い。

問61 答え ×

ベビーカー（baby car）は小型自動車という意味。子どもを乗せるのは stroller。

問62 答え ×

キーホルダー（keyholder）は鍵の保管人か保管ボックスの意味。英語では key ring か key chain。フロントも必ずデスクをつけて front desk という。

次の問いに答えてください

家庭社会

問63

一般に日本三大珍味といわれるのは、「塩ウニ」「からすみ」と、もう一つはなに？

問64

世界三大珍味とは、「キャビア」「フォアグラ」と、もう一つはなに？

問65

世界三大スープとは、タイ料理の「トム・ヤンクン」、ロシア料理の「ボルシチ」と、もう一つはなに？

問66

海外の有名観光地で俗に「世界三大がっかり」といわれる場所は、コペンハーゲンの人魚姫、ブリュッセルの小便小僧、もう一つはなに？

答えはコチラ

問63 答え このわた

このわた（海鼠腸）はナマコの腸の塩辛のこと。塩ウニはウニの卵巣を塩漬けにして練ったもの。からすみ（唐墨）はボラの卵巣の塩漬けを干したもの。厳密には「越前の塩ウニ」「肥前のからすみ」「三河のこのわた」とされる。

問64 答え トリュフ

トリュフは土中に育つ食用キノコの一種で西洋松露《しょうろ》とも呼ばれる。キャビアはチョウザメの卵の塩漬け。フォアグラは特殊な飼育法で肥大させたガチョウの肝臓。

問65 答え フランスのブイヤベース、または中国のフカヒレスープ

ブイヤベースはフランス地中海沿岸地方の代表的な魚介スープでサフランとにんにくの風味が特徴。国によっては最後の一つが異なる。

問66 答え シンガポールののマーライオン

海外旅行者の間で「がっかりスポット」と呼ばれるようになった場所。思いのほか小さいとか、周りの景色がパッとしないなどがその理由。

設問を読んで選んでください・複数可

理科 社会

問67 次のうちナス科ではない野菜はどれか？

- ジャガイモ
- ピーマン
- キュウリ
- トマト

問68 摂り過ぎるとかえって体を害するとされるビタミンはどれ？

- ビタミンA
- ビタミンC
- ビタミンD
- ビタミンE

問69 「ルネッサンスの三大発明」に含まれていないものはどれ？

- 羅針盤
- 活版印刷術
- 蒸気機関
- 計算機
- 天体望遠鏡
- 火薬

問70 次のうち、もともとがロシア語でないものはどれ？

- イクラ
- セイウチ
- ピロシキ
- ノルマ
- カツレツ
- サモワール

答えはコチラ

問67 答え キュウリ

キュウリはウリ科キュウリ属で、ほかはみなナス科の野菜である。

問68 答え ビタミンA　ビタミンD　ビタミンE

ビタミンAの過剰摂取は頭痛、吐き気、脱毛のほか肝臓肥大などの症状が出ることがある。ビタミンDの過剰摂取では胃腸疾患、腎機能不全など、ビタミンEは、体質によっては胃腸障害や高血圧症になる恐れあり。ただし通常の食生活の範囲では心配ない。

問69 答え 蒸気機関　計算機　天体望遠鏡

一般に「活版印刷術、羅針盤、火薬」をルネッサンスの三大発明というが、羅針盤や火薬はそれ以前から存在するので（いずれも原形は中国にある）、実際には改良といえる。

問70 答え カツレツ

カツレツはフランス料理の Côtelette に由来し、直接には英語の cutlet がなまって日本語化したもの。セイウチはロシア語でトドを意味するシヴーチに由来するという。

三択クイズ・正しいのはどれ？

家庭

問71 食用にされる肉の隠語で「桜」はウマ、「牡丹」はイノシシ、では「紅葉」はなに？

A タヌキ

B クマ

C シカ

問72 フランスで「マドモアゼルの指」と呼ばれる食べ物はなにか？

A メレンゲ

B ホワイトアスパラガス

C ポロネギ

国語

問73 「虫が知らせる」のはどんな虫？

A 人の体内にいる虫のこと

B 人に近寄ってくる昆虫のこと

C おなかの寄生虫のこと

問74 「くだを巻く」の〝くだ〟とはなに？

A はらわた（腸）のこと

B 雅楽でつかう笛のこと

C 糸をつむぐときに使う軸

答えはコチラ

問71 答え　C　シカ

かつて日本では獣肉を食べることがタブーだったため、明治以降もケモノの肉を植物名などの隠語で呼ぶ風習が残った。紅葉とシカは花札の図柄からの連想。

問72 答え　B　**ホワイトアスパラガス**

栄養分が芽の先に集中しており、大切に扱わないといけないことから、マドモアゼルの指と称される。グリーンアスパラは日を浴びて育つが、ホワイトアスパラは日を当てないで育てたもの。

問73 答え　A　人の体内にいる虫のこと

中国の道教では人の体内には行動を監視する三匹の虫がいるという。日本でも民間信仰として広まり、江戸時代には人間の感情や意識は体内の九匹の虫によってもたらされるという俗説が信じられていた。

問74 答え　C　**糸をつむぐときに使う軸**

機織で糸をつむぐときに用いる軸が「管《くだ》」で、同じ動作をくり返すため、訳のわからないことをぐずぐず言ったり、同じ話をクドクドくり返したりすることを「くだを巻く」というようになった。

正しいのはどっち？ 記号で答えてください

社会

問75 春の恒例、「花見」はいつごろから始まったのか？

ア 奈良時代の中期

イ 平安時代の初期

問76 日本最初の人材派遣業はいつごろ始まったか？

ア 江戸時代の初期

イ 明治時代の初期

問77 日本で最初に地下鉄が走った区間は？

ア 銀座～新橋

イ 上野～浅草

問78 日本で最初の駅弁は何駅に登場したか？

ア 宇都宮駅

イ 小田原駅

答えはコチラ

問75 答え イ

弘仁３年（８１２）嵯峨天皇が神泉苑で桜を見ながら詩歌を詠む花宴を催したというのが最古の「花見」の記録（それ以前は梅の花）。以後、天皇主催の花宴は恒例となり、春の園遊会はこの流れをくむもの。

問76 答え ア

寛永年間（１６２４〜１６４３）、江戸の京橋木挽町に住んでいた大和慶庵《けいあん》という医者が口入《くちいれ》屋（人材派遣業）の始まりといわれる。丁稚や女中などを商家に派遣することが多かったらしい。

問77 答え イ

最初の地下鉄は東京地下鉄道により１９２７年12月30日に上野〜浅草間で開業。当初は上野〜新橋間の予定だったが関東大震災の影響によって変更されたもの。

問78 答え ア

異説もあるが駅弁第一号は明治18年（１８８５）宇都宮駅に登場した弁当というのが有力。梅干し入りおにぎり２個とタクアンを竹皮で包み５銭で販売された。駅弁業界ではこれを一応の定説としている。

○か×で答えてください

芸術

問79 映画『バック・トゥ・ザ・フューチャー』では車がタイムマシンとして活躍するが、当初は冷蔵庫をタイムマシンにする予定だった。

問80 映画『となりのトトロ』は当初の設定では、主役の女の子は一人の予定だった。

社会

問81 ＴＢＳのテレビ番組『世界ウルルン滞在記』の題名は、涙がウルウルするような感動体験を意図して付けられた。

問82 「日清焼きそばＵ.Ｆ.Ｏ.」のネーミングはピンクレディーの大ヒット曲にあやかって付けた。

答えはコチラ

問79 答え ○

当初の予定は冷蔵庫だったが、子どもが真似するのをさけるため車を採用した。劇中ではデロリアン（ＤＭＣ－12）という市販車を改造して作られ、公開後は人気の車となった。

問80 答え ○

はじめの設定では女の子は１人だったが、脚本制作が進むうちに2人必要となり、姉妹が登場することになった。初期のビデオパッケージにはサツキとメイを合わせたような女の子が描かれているという。

問81 答え ×

「出会う、泊まる、見る、体験」の最後の文字をつなげて「ウルルン」とした。もちろん狙いとしては〝ウルウル〟のイメージもあり。

問82 答え ×

ピンクレディーの「ＵＦＯ」は１９７７年12月リリースで、「日清焼きそばＵ.Ｆ.Ｏ.」はその前の76年5月発売。「Ｕ＝うまい、Ｆ＝太い、Ｏ＝大きい」の意味のネーミング。ＣＭにはピンクレディーも起用されている。

○か×で答えてください

家庭

問83

スナック菓子で知られるカルビーの社名は、カルシウムの「カル」とビタミンB_1の「ビー」を組み合わせたもの。

問84

コンビニの「ローソン」の看板にミルク缶があるのは創業者が牛乳屋さんだったから。

問85

カフェオレとカフェラテは、呼び方がちがうだけで同じ飲み物である。

問86

コンビニで必ず窓側に雑誌コーナーがあるのは犯罪抑止効果を考慮している。

答えはコチラ

問83 答え ○

カルシウムはミネラルの中でも代表的な栄養素であり、またビタミンB_1はビタミン群の中心的な存在だとして、健康に役立つ商品づくりを目指す意味で「カルビー」と名付けたという。

問84 答え ○

ローソンの前身は米国オハイオ州にJ・J・ローソン氏が開いた「ミルクショップ・ローソン」という牛乳屋さん。当時の看板を真似てブルーに白いミルク缶のデザインを使用している。

問85 答え ×

カフェオレはフランス流で、深煎《い》りコーヒーをほぼ同量のミルクで割ったもの、カフェラテはイタリア流で、エスプレッソにスチームで泡立てたミルクを注ぎこんだもの。

問86 答え ○

雑誌コーナーに人がいると外からすぐ見えるので、強盗などの犯罪抑止効果がある。一般客には人の姿が見えると入りやすくなるので、客を呼び込む効果もある。

正しいのはどっち? 記号で答えてください

社会

問87 テレビでおなじみ水戸黄門の〝黄門〟はどういう意味か?

ア 居住地の方角をさしている

イ 官位名をさしている

問88 「新撰組」が制服を作る際にモデルにしたといわれるのは?

ア 忠臣蔵の赤穂浪士

イ 幕府の火附盗賊改め

問89 神社に置かれている狛犬《こまいぬ》は、もともとはどんなイヌ?

ア 中国の獅子

イ 架空の霊獣

問90 日本酒には「○○正宗」という名前が多いが、そのきっかけはなに?

ア 臨済正宗というお経にちなむ

イ 名刀正宗の切れ味にちなむ

答えはコチラ

問87 答え　イ

「黄門」とは中納言《ちゅうなごん》という官位の中国風呼び方。黄門さまこと徳川光圀《みつくに》は権《ごん》中納言という位にあり、地位の高い人物の名を直接呼ばない慣習にならい、水戸の中納言という意味で水戸黄門と呼んだ。

問88 答え　ア

ダンダラ模様でおなじみ新撰組の隊士服。これは局長の近藤勇が忠臣蔵のファンで、赤穂浪士が着た衣装（実際には歌舞伎の『仮名手本忠臣蔵』で着たもの）を真似て作らせたという。

問89 答え　イ

古来中国では墓を守る獣の像を造る風習があり、３世紀頃には宮廷やお墓の魔除けに一対の霊獣像（想像上の獣）を造るようになった。それが奈良時代に日本に伝わり、江戸時代以降に現在のような狛犬となった。

問90 答え　ア

灘の老舗「櫻正宗」の先祖が新酒の名前を思案していたとき、たまたま寺で「臨済正宗」の経文を目にし、正宗はセイシュウ＝清酒にも通じると「正宗」と命名。これが名酒の誉れ高く、他の蔵元にも広まった。

三択クイズ・正しいのはどれ?

保健体育

問91 日本で最初にゴルフコースができた場所はどこか?

A 軽井沢
B 箱根
C 神戸

問92 相撲で「星取り表」といえば勝敗表のこと、では相撲界の隠語で「金星」とは?

A 結婚すること
B 優勝すること
C 美人のこと

問93 サッカーのワールドカップ予選の試合をきっかけに戦争が起きた国は?

A ブラジルとアルゼンチン
B エルサルバドルとホンジュラス
C イラクとイラン

問94 中世ヨーロッパで「イタリア病」や「フランス病」と呼ばれた病気とは?

A ペスト
B 梅毒
C 赤痢

答えはコチラ

問91 答え C 神戸

明治34年（1901）、神戸に住む英国人アーサー・グルームが六甲山の山頂近くに4ホールのゴルフコースを作ったのが日本最初のゴルフコース。2年後には拡張し、正式なゴルフクラブ第1号として「神戸ゴルフクラブ」が発足した。

問92 答え C 美人のこと

金星とは、一般には平幕力士が横綱を破ることをいうが、土俵の外では、超美人と出会ったときに「金星みつけた」などと使うようである。

問93 答え B エルサルバドルとホンジュラス

1969年6月、ワールドカップメキシコ大会の予選で3対2でエルサルバドルが勝利。これを契機に両国の対立が激化し国交断絶。2週間後に戦争が始まり、数千人の死者を出して約100時間で終結した。

問94 答え B 梅毒

新大陸から中世ヨーロッパに急速に広がった性病・梅毒のことを、昔フランスや欧州諸国では「イタリア病」と呼び、イギリスやイタリアでは「フランス病」と呼んでいた。

正しいのはどっち？ 記号で答えてください

問95

映画の都ハリウッドの山の中腹には「HOLLYWOOD」の白い巨大文字がある。もとは「HOLLYWOODLAND」だったが、LANDが消えた理由は？

ア 落雷で焼けてしまった

イ 13文字では不吉だから

問96

インドのムンバイはインド映画産業の中心地だが、通称なんと呼ばれているか？

ア ムンリッド

イ ボリウッド

社会

問97

トランプは暦に深い関係があるという。カードは4種類13枚ずつで計52枚だが、この52という数字はなにを表しているか？

ア キリスト教の祭礼日の数

イ 1年の週の数

問98

トランプの4つのマークにも意味があり、ハートは聖杯の形で僧侶を、スペードは剣の形で軍人・王族を、ダイヤは貨幣で商人を表す。ではクラブはなにか？

ア 職人

イ 農民

答えはコチラ

問95 答え　イ

もとはＨＯＬＬＹＷＯＯＤＬＡＮＤという不動産会社の巨大広告だったが、１９３２年に役を降ろされた女優が文字の上から飛び降り自殺してしまった。その後風雨で「ＬＡＮＤ」の文字の破損が進み、13文字では不吉だとして「ＬＡＮＤ」の文字が外され、現在のハリウッドサインになった。

問96 答え　イ

ムンバイには映画制作会社が集中し、旧地名であるボンベイの「ボ」とハリウッドをつなげて「ボリウッド」と呼ばれている。

問97 答え　イ

4種のマークは四季（クラブは春、ダイヤは夏、ハートは秋、スペードは冬）を表し、各13枚のカードは四季の13週を表している。合計52枚なのは1年が52週＝３６４日を表し、これにジョーカーを加えて３６５日。予備のエキストラジョーカーはうるう年のため。

問98 答え　イ

4つのマークは身分階級を示し、クラブはもともとクローバーとこん棒（牧草と農具）が描かれていて農民を表した。

○か×で答えてください

社会

問99 犯罪捜査において初めて人の指紋を利用した国は日本である。

問100 インスタントコーヒーを発明したのは中国人である。

問101 長距離旅客機のパイロットは機長と副操縦士では機内食が異なる。

家庭

問102 マヨネーズは保存料を使わないが常温でも腐らない。

問103 防衛大学校の生徒には給与と年2回のボーナスも支払われている。

問104 海上自衛隊の「イージス艦」のイージスとは「槍」のこと。

答えはコチラ

問99 答え ○

明治初期、東京・築地で起きた空き巣の被害者が指紋を研究する外国人医師で、壁に残った指紋が犯人特定の決め手となり、以後指紋捜査が急速に普及した。

問100 答え ×

発明したのはシカゴ在住の日本人、加藤了という博士。１９０１年に「パン・アメリカ博覧会」で発表している。

問101 答え ○

万一食中毒などが出た場合どちらかが操縦できるようにしておくため、機長と副操縦士は機内食で同じものを食べない。

問102 答え ○

腐らないサラダ油が原材料の大半を占め、卵黄は細かい粒子になって酢や塩、香辛料に包み込まれているため腐らない。

問103 答え ○

一般の大学とは異なる防衛省管轄の省庁大学校で、外国では士官学校にあたるため給与も支払われる。

問104 答え ×

イージスの語源はギリシャ神話でゼウスがアテナに与えた「盾」の名前。

おつかれさまでした！　第４章フィニッシュです

第４章上級編 採点表

あなたの正解数▶ □ 問

雑学クイズ　計 **104** 問

第４章上級編のクイズは計１０４問。内訳は次のとおりです。分野（科目）別の正解数をチェックしたい人は、□の中に正解した数を書き込んでください。

国語―10問 □　**社会―33問** □
英語―10問 □　**数学―4問** □
理科―6問 □　**芸術―10問** □
家庭―21問 □　**保健体育―10問** □

クイズもいよいよ佳境。上級編ならではの手ごたえを感じた人も多いのでは。なお、漢字の読み方クイズは設問の⑴～⑷全部を正解しないと「正解」にカウントしませんので、間違えないように。

雑学王への道

世の中に広く目を向け、下から這い上がれ！

◎正解数90問以上の人……高校・大学クラスの上級編でこの成績なら言うことなし。「雑学王」の座は目前です！　あとは油断せず、最終章でラストスパートしてください。

◎正解数80～89問の人……8割クリアなら上出来ですが、もうひとがんばり欲しいところ。「芸術」や「家庭」に苦戦気味の人は、もう少し自分の仕事や趣味以外の広い分野に目を向けたほうがいいかも。

◎正解数70～79問の人……4章で増えた「社会」の問題で不正解が多かった人は、まめに新聞に目を通すことをおすすめします。新聞というメディアは雑学の宝庫、いろんな面で役に立ちますよ。

◎正解数60～69問の人……3章までは成績良好で、ここで急に正解数が落ちた人は、科目ごとの採点で弱点を再チェック。最終章で一気挽回を狙いましょう。ずっとこのあたりのランクの人も、めげずに最後までチャレンジしましょう。

◎正解数60問未満の人……上級編は手ごわかったかも。でも雑学に「難易度」というのは本来ありません。最終5章の特級編も楽しんでください。下から這い上がってくる「雑学王」に期待します！

第5章

大学院レベルを卒業したら雑学王！

さらなる高みへ！
特級編

最終章は72問。雑学難易度は大学院レベル、と言いたいところですが、そんなに高度なクイズはありません。ふだんから世の中に幅広く目を向けているかどうか、いわば雑学センスが最後に試されます。全問終わったら、必ず最後の「雑学王への道」を読んでくださいね。

どっちが正しい？ 記号で答えてください

家庭 社会

問1 手足のないダルマがなぜ家運隆昌の縁起物になったのか？

ア モデルの達磨《だるま》大師が大出世したから

イ「手は出ない、足は出さない」にかけている

問2 鬼といえば角《つの》と虎皮のパンツがつきものだが、これのいわれは？

ア 古代中国からの伝承による

イ 鬼門の方角にかけた

問3 寿司はなぜ一貫二貫と数えるのか？

ア 銭の束にたとえた

イ 銅の重さにたとえた

問4 欧米ではなぜお墓に「花輪(wreath)」を供えるのか？

ア 呪いを封じるため

イ 死者の魂を救済するため

答えはコチラ

問1 答え　イ

家運隆昌、商売繁盛の縁起物となったのは、手がないのは「悪いことには手を出さない」、足がないのは「商売で足（赤字）を出さない」に通じるから。

問2 答え　イ

鬼が出入りするとされる「鬼門」とは東北の方角にあり、十二支の方位に当てはめると「丑寅《うしとら》」にあたる。ここから鬼といえばウシトラの連想で、牛の角、虎のキバと虎皮のパンツという想像上のスタイルが定着した。

問3 答え　ア

銭形平次のように穴あき銭を紐で貫きまとめたものを一貫《いっかん》と呼んだ。たまたま銭を10数枚まとめたものと握り寿司の大きさが似ていたので、一貫、二貫と呼んだという。

問4 答え　ア

死者の霊が墓参者を呪わないよう贈り物を捧げた古代信仰の名残りで、輪の形はもともとは死霊を封じ込める「魔法の円（マジックサークル）」を表したという。

どっちが正しい？ 記号で答えてください

英語

問5 英語で動物の鳴き声を表現するとき、ネコは meow、イヌは bow wow と書く。では馬の鳴き声は？

ア neigh neigh（ネイネイ）

イ oweek（オウィーク）

問6 「あとでね」を意味するメール用の略語はどっち？

ア CUL

イ IC

問7 英語で週末がきた喜びを表す表現は？

ア BTW

イ TGIF

問8 IMOはどんな意味を表す略語か？

ア 私の意見では

イ できるだけ早く

答えはコチラ

問5 答え　ア

馬は英語では neigh neigh（ネイネイ）と鳴く。ちなみに、ブタは oink oink（オインク、オィンク）、ヒツジは baa（バー）、ネズミは squeak（スクウィーク）。

問6 答え　ア

ＣＵＬは see（C） you later（あとで会おう）の略。ＩＣは I see（C）（わかった）の略。

問7 答え　イ

ＴＧＩＦはティージーアイエフと読み、Thank God, It's Friday!（やっと金曜日、明日は休みだ！）の意味。週末の喜びを表すときに使われる。ＢＴＷは by the way（ところで）の略。

問8 答え　ア

ＩＭＯは「in my opinion」の略で、メールなどで使用される。イの「できるだけ早く」はＡＳＡＰ（as soon as possible）がよく使われる。

三択クイズ・正しいのはどれ？

理科

問9 NASA（米航空宇宙局）で「21世紀の主食になる」と発表されて有名になった雑穀はどれ？

A きび
B キノア
C ミレット

問10 静かな場所で耳の穴に指を突っ込むとゴーッと音がするが、これはなんの音？

A 鼓膜が震える音
B 腕の筋肉の音
C 内耳の血管の音

問11 ムササビの子はどうやって飛行技術を覚えるのか？

A 親の背中に乗って
B 地面でジャンプして
C 何度も木から落っこちて

問12 次のうち本当にいるアリはどれ？

A 自分で食料を栽培するアリ
B 他の虫の巣から食料を盗んでくるアリ
C アリの子を食料にしているアリ

答えはコチラ

問9 答え **B キノア**

ＮＡＳＡ（米航空宇宙局）が「21世紀の主食になる」と発表したことでが然注目されるようになった。南アメリカ原産で、たんぱく質、カルシウム、鉄分、食物繊維、リジンなどが豊富。

問10 答え **B 腕の筋肉の音**

筋繊維という筋肉をつくる細かい繊維が収縮する音。腕の筋肉内の動きが指先を通して外耳道に伝わり、約３００ヘルツという低周波として聞こえるのだという。

問11 答え **C 何度も木から落っこちて**

まず親が飛んで見せて、子どもに同じことをするように促す。子は何度も失敗して木の枝から落下するが、そのつど親は下に降りて再び元の位置に連れ戻し再チャレンジを促す。この練習をくり返して少しずつ距離を伸ばしていく。

問12 答え **A 自分で食料を栽培するアリ**

中南米にいるハキリアリは巣穴でキノコを栽培することで知られる。木の上から葉をかみ切って落とし、これを栽培用の床にして湿気のある栽培室で育てる。

漢字クイズ・問いに答えてください

国語

問13 相手に惚れたときの「くびったけ」と「ぞっこん」を漢字で書くと？

問14 おみやげに買う「ういろう」と「みたらしだんご」を漢字で書くと？

問15 「峠」「畑」「凪《なぎ》」など、中国にはなく日本で考え出された漢字をなんというか？

問16 ふれてはいけない「逆鱗《げきりん》」とはどこに生えているのか？

答えはコチラ

問13 答え

くびったけ→首丈
ぞっこん→底根

くびったけは、深く相手に思い入れ首まで深くハマってしまった状態をいう。ぞっこんは「底根」を強調したことばで、心底から、すっかりという意味。

問14 答え

ういろう→外郎
みたらしだんご→御手洗団子

ういろうは民間薬「ういろう」を製造していた小田原の外郎家が接待用菓子として作っていたもの。みたらし団子は京都・下鴨神社の神前に供える菓子で、境内にある御手洗池の霊水の泡を模して作られた。5つの団子は五体を表す。

問15 答え

国字

中国の漢字にならい日本で新たに作られた文字。和字、和製漢字ともいう。「辻」「凩《こがらし》」「躾《しつけ》」「笹」「榊《さかき》」「鰯《いわし》」などがある。

問16 答え

龍のあごの下

あごの下に逆さまに生えており、これにふれたら最期、龍は怒り狂って相手を殺してしまう。原典は中国の古典『韓非子《かんぴし》』に見られ、天子（王を継ぐ者）を龍にたとえ、その激しい怒りをかうことを「逆鱗にふれる」といった。

次の問いに答えてください

数学

問17

12345679×1×9＝111111111、12345679×2×9＝222222222である。この法則にしたがって、12345679×9×9の答えはいくつになるか？

問18

11×11＝121、111×111＝12321、1111×1111＝1234321である。この法則にしたがって9桁の111111111をかけあわせると答えはいくつになるか？

問19

これは二択問題。漢字で表す数の単位で最大のものを「無量大数」（10の68乗）というが、その一つ下の単位（10の64乗）はなんというか？

ア 不可思議

イ 無尽蔵

問20

16世紀に「＝」をイクォール（同一）を意味する記号に選んだ数学者は、その理由として「○○の等しい○○する直線以上にイクォールなものはない」と述べている。○○に入る文字はなに？

答えはコチラ

問17 答え 999999999

12345679は「8」が抜けていることに注意。ある整数をaとすると、12345679×9a ＝aaaaaaaaa という関係が成り立つ。数字の不思議の一つ。

問18 答え 12345678987654321

これも数字の不思議。法則と断っている以上、素直に信じてみること。

問19 答え ア

思うことも議論することもできないほど大きい数字。不可思議はもともと仏教用語で、仏の智慧《ちえ》や神通力は、心で考えたりことばでは表現できないことをさす。

問20 答え 長さ（の等しい）
平行（する直線）

当たり前のように使っているがたしかにそのとおり。「＝」記号がなかった時代はどうしていたのかは不明。

三択クイズ・正しいのはどれ？

問21 大相撲の行司のかけ声「ハッケヨイ！」はなにを意味している？

A 力を発揮せよ
B 発気揚揚と
C 気を吐くべし

問22 相撲の土俵にはなぜ「徳俵」が4つある？

A 東西南北の邪気を逃す
B 土俵際の勝負を面白くする
C 水抜きのため

保健体育

問23 マラソンコースの42・195キロは、現在どうやって計測しているか？

A 徒歩で
B 自転車で
C バイクで

問24 スキーのジャンプ競技の「K点」とどんな意味か？

A 建築基準点
B 極限点
C 転倒危険

答えはコチラ

問21 答え B　発気揚揚と

ハッケヨイ（ハッキヨイ）とは「発気揚揚」が詰まったもので、「気を高めて全力で戦うべし」と行司が気合を入れる声（異説もあり）。「ノコッタノコッタ」は、まだ土俵に残っているぞ、勝負はついていないぞと力士の闘志をかき立てているのである。

問22 答え C　水抜きのため

もともと相撲は屋外で行われていた。徳俵は、土俵にたまった雨水を掃き出すのに便利なように、俵を四方に一つ分ずらしていた名残りである。

問23 答え B　自転車で

国際陸連で計測法が統一され、公式大会では計測器をつけた3台の自転車で測り、その平均値をとる。41メートルまでの距離オーバーはOKだが規定の距離に達していないと公認記録にならない。

問24 答え A　建築基準点

以前はドイツ語の極限点（Kritisch）のKだったが、現在は建築基準（Konstruktion）をさすKに変わっている。ジャンプ台の設計・建築の際の基準にする点。かつての極限点は別に指示されている。

○か×で答えてください

理科

問25 脳そのものは痛みをまったく感じない。

問26 ラッコは貝を割ったあと石を自分のポケットにしまっておく。

社会

問27 NASA（米航空宇宙局）の宇宙飛行士はフライトのたびに遺書を書くことを義務づけられている。

問28 船出の見送りに使われる紙テープの発案者は日本人である。

答えはコチラ

問25 答え ○

脳は全神経の情報の発着所だが、脳自体には痛覚のセンサーがない。頭蓋骨を開いてしまえば麻酔なしでも手術ができる。

問26 答え ○

左脇腹の皮のたるんだあたりにポケットがあり、お気に入りの石をしまっておくラッコが見られる。ポケット派以外にも、海岸の決まった場所に自分用の石置き場を確保しているラッコもいる。

問27 答え ○

フライト前に「地上にいる最も信頼できる同僚」あてに遺書を書くことが義務づけられているという。日本人飛行士も、初めてのフライトの際に遺書を書いたという人が多い。

問28 答え ○

船出の別れを惜しむ人たちを紙テープで結ぶことを考案したのは、１９１０年代のサンフランシスコに住んでいた日本人、森野庄吉氏。

三択クイズ・正しいのはどれ？

芸術

問29 イタリアのルネッサンス期に活躍した芸術家といえば、レオナルド・ダ・ヴィンチ、ミケランジェロと、もう一人はだれ？

A レンブラント
B ラファエロ
C カラヴァッジョ

問30 日の出を描いたモネの絵から名付けられた芸術運動とは？

A ロマン派
B 印象派
C 新古典派

問31 シェークスピアの『ロミオとジュリエット』の恋愛は実質何日間だったか？

A 5日間
B 11日間
C 2か月間

問32 映画『ローマの休日』の監督ウィリアム・ワイラーはワンシーンを何十回も撮り直すことで有名だったが、あの作品で例外的に1テイクで撮れたシーンは？

A スペイン広場のシーン
B 真実の口のシーン
C スクーターで市内を走るシーン

答えはコチラ

問29 答え　Ｂ　ラファエロ

ダ・ヴィンチ、ミケランジェロが先輩だが、ほぼ同時代に活躍した。レンブラントは〝光と影の画家〟、カラヴァッジョは〝バロック絵画の鬼才〟と呼ばれた画家。

問30 答え　Ｂ　印象派

印象派という呼称はモネの初期作品「印象、日の出」という絵の題名が由来。１８７４年の展覧会（のちに「第１回印象派展」と呼ばれる）に出品されたが、当時は「印象を描いただけの落描き」という激しい非難を浴びた。

問31 答え　Ａ　５日間

原作では、舞踏会で出会って２日目には結婚、４日目にジュリエットが自殺を図り、５日目にロミオが自殺、生きていたジュリエットもそれを知って自殺と、わずか５日間の出来事である。

問32 答え　Ｂ　真実の口のシーン

グレゴリー・ペックが袖に手を隠して食べられたふりをし、オードリー・ヘプバーンが本気で驚くシーン。ヘプバーンをリラックスさせるためのグレゴリー・ペックのアドリブで、一発ＯＫになったという。

三択クイズ・正しいのはどれ？

社会

問33 キリスト教の神父と牧師はどうちがうのか？

A 神父はカトリック、牧師はプロテスタント

B 神父はプロテスタント、牧師はカトリック

C 宗派に関係なく同じ役割をさす

問34 沈没したタイタニック号の唯一の日本人生存者はある有名人の祖先だが、関係の深いことばはどれ？

A YMO

B 芥川賞

C 読売巨人軍

問35 織田信長が「桶狭間《おけはざま》の戦い」の出陣前に行ったといわれているのは？

A どんぶりメシの茶漬けをかきこんだ

B 舞を舞った

C 一人で茶をたてた

問36 現在のランドセルの形を定着させるきっかけをつくった人物は？

A 森鷗外

B 大隈重信

C 伊藤博文

答えはコチラ

問33 答え A 神父はカトリック、牧師はプロテスタント

カトリックでは司祭は父の如く信者の魂を導くとされ、そこから神父と名付けられた。外国では父を意味するパドレやファーザーと呼ばれる。プロテスタント（新教）では「我が羊（信徒）を牧《か》え」というイエスのことばから牧師という呼称になった。

問34 答え A YMO

当時の鉄道院副参事・細野正文氏で、元YMOのミュージシャン細野晴臣氏の祖父である。救助されたあとタイタニックの便せんに書いた手記も残されている。

問35 答え B 舞を舞った

信長が十分の一の軍勢で今川義元の軍を破ったといわれる「桶狭間の戦い」。幸若《こうわか》舞《まい》（語りをともなう舞の一種）の「敦盛《あつもり》」という演目を舞ってから出陣したという。

問36 答え C 伊藤博文

明治20年に皇太子（のちの大正天皇）が学習院初等科入学の際、お祝いとして献上されたランドセルが現在の箱形ランドセルの原型といわれる。贈り主は当時の内閣総理大臣、伊藤博文である。

どっちがホント？ 記号で答えてください

家庭

問37 そばは、昼夜の寒暖差が大きく、霧がかかりやすい土地でおいしい実が育つという。そうした土地でとれるそばを、信州ではなんと呼ぶか？

ア 霧下
イ 霧神

問38 日本名が「カメムシソウ」というカレーの原材料は？

ア カルダモン
イ コリアンダー

問39 「魚介類」という字はなぜ「魚貝類」と書かないのか？

ア 貝を略字で書く習慣から
イ 甲殻類が入らないから

問40 石川県金沢市の名物となっている「ハントンライス」の〝ハントン〟ってなに？

ア 外国語をまぜこぜにした
イ 能登半島のハントン

答えはコチラ

問37 答え　ア

そば通が喜ぶ「霧下《きりした》そば」の代表的な産地は、黒姫山麓の柏原というところで、標高は６００～９００メートル。朝方はよく霧が出るという。

問38 答え　イ

パクチーなどの名でも知られるコリアンダーは、その強いにおいが似ているので日本名をカメムシソウという。カルダモンは樟脳《しょうのう》に似た特有の芳香を持つスパイスで紅茶の香り付けにも使われる。

問39 答え　イ

「介」の字は「よろい」や硬い外皮のある生物をさすときも使う。「貝」がアサリなど貝類だけをさすのに対し、「介」は貝類に加えエビ・カニなどの甲殻類も意味するので、海産物は「魚介類」が正しい。

問40 答え　ア

ハントンとはマグロを意味するハンガリー語のハンと、フランス語のトンをあわせた造語であるといわれている。ケチャップライスを薄焼き卵で包み、その上に魚のフライをのせソースをかけた料理。

どっちがホント？ 記号で答えてください

社会

問41 中央競馬の騎手が着る勝負服の色や柄はどう決められているのか？

ア 馬主ごとに登録される

イ 騎手ごとに登録される

問42 鹿島○、相模○、播磨○、周防○、玄界○。この地名の最後にくる共通する漢字は？

ア 湾

イ 灘

問43 4月10日は「女性の日」だが、これは何を記念して制定されたのか？

ア 婦人参政権が行使された日

イ 婦人団体が人権宣言をした日

問44 アメリカ本土では時差により4つの時間が使われているが、中国ではいくつか？

ア 時差の設定はなし

イ 東部・中部・西部で3つ

答えはコチラ

問41 答え ア

中央競馬会では馬主1人ごとに1種類の勝負服を登録している。使える色や柄には規定があり、色は13種、柄は18種のパターンがある。一方、地方競馬では騎手ごとに勝負服が決められているので、服を見るだけで騎手がわかる。

問42 答え イ

「灘《なだ》」とは、「さんずい」に難所の「難」と書くように、風波やうねりが強く、船の航行の困難な海域をさした。

問43 答え ア

１９４６年（昭和21年）の4月10日、戦後初の総選挙で初めて婦人参政権が行使され、39人の女性代議士が誕生したことを記念している。戦前は女性の国政参加が認められていなかった。

問44 答え ア

広大な国土ながら時差はなく、すべてを北京に合わせようという中央集権的な発想とされる。当然、地方ではいろいろな不都合も生じるため、独自の時間設定をしている地域もある。

どっちがホント？ 記号で答えてください

英語

問45 墜落の危機や非常事態のとき、パイロットが「メイデー、メイデー！」と無線で叫ぶが、あの意味は？

ア もとはフランス語の「助けて！」

イ ラテン語の「神よ、救いの手を！」の略

問46 突然の恐怖や恐慌をきたす「panic（パニック）」の語源はなにか？

ア 楽器のスチール・パンの音

イ ギリシャ神話の牧羊神パン

問47 疑問符に使われる「?」マークの起源はなにか？

ア ネコのしっぽの形

イ ラテン語のクエスチョンの略

問48 気合いや根性を意味する日本語にもなっている「ガッツ」とは、もともとはなに？

ア 腸のこと

イ 強い弦のこと

答えはコチラ

問45 答え　ア

メイデーは航空無線で使用される遭難信号。フランス語の「助けて」を意味するm'aider を音訳し、mayday と発音して使われるようになった。

問46 答え　イ

ヤギの角と下半身を持つ牧羊神パンは、心は優しく横笛や昼寝を愛したが、ひとたび眠りを妨げられると突然怒り狂い、人々や家畜を恐怖におとしいれた。パニックとはこのパンの激変ぶりが起こす恐怖が語源となっている。

問47 答え　イ

かつてラテン語では疑問文の最後にquetio という単語をつけた（クエスチョンの語源）。これがのちに「qo」と略され、さらに上下に重ねて記号として使うようになり、それが変形して「?」になった。

問48 答え　ア

ガッツ（guts）は腸を意味するガット（gut）から出たことばで日本語の〝肚《はら》〟が座っているなどと同様に、勇気、根性、胆力などを示す。テニスラケットの弦には腸線が使われていたのでガットと呼ぶ。

入門編
初級編
中級編
上級編
特級編

○か×で答えてください

国語

問49

「土壇場」とは川岸の土手っぺりのことである。

問50

「元の木《もく》阿《あ》弥《み》」の〝木阿弥〟は人の名前である。

問51

「白羽の矢が立つ」とは鬼に指名されることである。

問52

「打ち合わせ」も「打ち上げ」も雅楽の音楽用語である。

問53

「牛耳る」とは牛の耳の血を飲むことからきている。

問54

「手ぐすねを引く」の〝手ぐすね〟とは革手袋のことである。

答えはコチラ

問49 答え ×

江戸時代、処刑場で罪人の首を斬るとき引き据える盛り土のことを「土壇」といい、その場所を「土壇場」と呼んだ。

問50 答え ○

戦国時代、木阿弥という盲人が病死した城主の替え玉にされた。三年後、死を公表して用済みになったため、〝元の木阿弥〟に戻ったという逸話からきている。

問51 答え ×

謡曲などの伝承では、白羽の矢は〝神様からのご指名〟のしるし。選ばれるのは光栄なことなのだ。

問52 答え ○

雅楽の合奏の前に二枚の長い板を打ってリズムを合わせたのが「打ち合わせ」、長唄で太鼓などのお囃子を一段と高めてひと区切りつけるのが「打ち上げ」。

問53 答え ○

昔、中国で諸侯が同盟を結ぶときは、盟主が牛の耳を裂き、その血をすすることで誓いを立てた。この〝牛耳をとる〟が語源。

問54 答え ×

手ぐすねは「手薬煉」と書き、薬煉は松脂から作り弓の弦を補強する粘着剤。合戦の前にこれを手に取って弦に塗り、準備万端待つのが「手ぐすねを引く」。

正しいのはどっち？

保健体育

問55 ダ・ヴィンチの「モナ・リザ」の絵から、モナ・リザの健康状態について指摘されていることは？

ア 高脂血症ではないか

イ 白内障ではないか

問56 出産後一週間以内の初乳には高濃度のタウリンが含まれている。これはなんのため？

ア 赤ちゃんの抵抗力を強くするため

イ 赤ちゃんの脳の発達に必要なため

問57 ビタミンBには、B_2、B_6など数字がついているが、なぜB_3やB_4はないのか？

ア 発見されたあと欠番になった

イ 発見の順番で争い番号がつけられなかった

問58 ハンドクリームなどの成分表に見られる「尿素」とは、どうやって生成しているか？

ア 人や動物の尿から抽出する

イ 化学合成で生成する

答えはコチラ

問55 答え　ア

「モナ・リザ」の顔をよく見ると、左の目頭に小さいイボ状のものが見える。これは血液中のコレステロール値が高いときに出来やすいもので、彼女は高脂血症だった可能性が高いという指摘がある。

問56 答え　イ

タウリンは脳の発育に重要な役割を果たすが、新生児はタウリンを生成することができないため母乳から吸収する。出産後一週間以内の初めての母乳は非常に高濃度のタウリンを含んでいる。

問57 答え　ア

ビタミン群のうちビタミンBは複合体であるため、B_1、B_2というように枝番《えだばん》を付けて呼ぶ。B_3やB_4は発見後の研究でビタミンの定義に当てはまらないことがわかり、欠番となっているのだ。

問58 答え　イ

尿素は最初に尿から発見されたのでこの名が付いているが、化粧品などに使われるのは化学合成したもの。保湿クリームや肥料に広く利用される有機化合物である。

どっちがホント？ 記号で選んでください

社会

問59 外国の裁判所にある正義の女神像の多くは目隠しをしているが、日本の最高裁判所にある正義の女神像は？

ア 目隠しをしている

イ 目隠しをしていない

問60 日本銀行券のお札のもっとも古い図柄はなに？

ア 聖徳太子

イ 大黒天

問61 除夜の鐘といえば日本では108回つくが、韓国では何回つくか？

ア 88回

イ 33回

問62 ウィーンにある世界遺産・シェーンブルン宮殿は、公開されている2階以外の部分はなにに利用されているか？

ア 住居

イ オペラ劇場

答えはコチラ

問59 答え　イ

裁判所にある正義の女神像の多くが目隠しをしているのは、予断や偏見を持たず公正な裁判を行うという強い姿勢を表す。日本の最高裁判所の女神像は目隠しなし。

問60 答え　イ

明治18年に初めて発行された日本銀行券（お札）のデザインは、大袋をかつぎ打出の小槌を持った「大黒天」が米俵に座り、下にネズミが3匹いる可愛らしい図柄だった。

問61 答え　イ

33回つく理由については諸説あり、日本の植民地時代に独立運動に立ち上がった人数という説、国泰民安の考えに由来するという説、時報として昔から33回打たれていたという説など。

問62 答え　ア

ウィーンの住宅問題を解決するために、１９６０年代から賃貸住宅として利用されるようになった。国家公務員が住むことができ、現在、約１９０世帯が世界遺産に住んでいる。

○か×で答えてください

社会

問63 釣り人が「太公望」と呼ばれるのは、太公と呼ばれる人物が釣り好きだったから。

問64 空から見下ろした図は「鳥瞰《ちょうかん》図」、海から海底の地形を見下ろした図は「鯨瞰図」という。

問65 映画版『チャーリーズ・エンジェル』で銃が使われなかったのは主演女優が銃を怖がったため。

芸術

問66 「目からウロコが落ちる」の出典は仏教の法華経にある。

問67 仏像の額にある丸い突起物は、巻き毛がまとまったものである。

問68 ピアノの鍵盤が白と黒になったのは、白い象牙に合わせて素材を選んだ結果である。

答えはコチラ

問63 答え ×

古代中国の周で、国家のために太公が待ち望んだ人物（太公望）が見出されたとき、釣りをしていたことからきた。

問64 答え ○

上空の鳥の視線で描けば鳥瞰図、海の王者・鯨の視線で描けば「鯨瞰《げいかん》図」である。

問65 答え ×

主役の一人でプロデューサーでもあったドリュー・バリモアが銃規制運動に参加していたため、銃は使用されなかった。

問66 答え ×

『新約聖書』の「使徒行伝」が出典。イエスが盲人の目にふれるとその目からウロコのようなものが落ち、目が見えるようになったという。

問67 答え ○

額の突起は「白毫《びゃくごう》」といい、お釈迦様の額に長く白い巻き毛が小さくまとまっていたことに由来する。

問68 答え ○

象牙を張った白い鍵盤に質感や光沢が最も近く、かつ一目で違いがわかるものを探した結果「黒檀《こくたん》」がベストだったため。

最後はノーヒント　次の問いに答えてください

芸術

問69

「夢に悪魔が現れて演奏した」というエピソードで知られる、タルティーニ作曲のソナタの曲名は？

問70

青年期の作風を「青の時代」と「バラ色の時代」と呼ばれるスペイン生まれの画家はだれ？

問71

池の睡蓮の絵を多数描いたのはモネ、では「サント - ヴィクトワール山」の連作を残した画家といえば？

問72

ノルウェーの画家ムンクの代表作「叫び」の絵の中には、本人が書いたとされる落書きがある。さてなんと書かれていたか？

答えはコチラ

問69 答え 『悪魔のトリル』

タルティーニが１７４０年に作曲したヴァイオリン・ソナタで、「夢の中で悪魔がヴァイオリンを弾き、それがあまりにも素晴らしかったので目が覚めてからすぐ書き留めた」という逸話で知られる。

問70 答え パブロ・ピカソ

天才ピカソは生涯に何度も画風を変えているが、20代初期の暗い青を基調とした時期を「青の時代」、20代半ばの明るい色調の時期を「バラ色の時代」と呼ばれる。

問71 答え セザンヌ

「近代絵画の父」と呼ばれるセザンヌは、故郷のサント‐ヴィクトワール山を題材とした絵を生涯に80点以上描いたという。

問72 答え 「こんな絵が描けるのは狂人だけだ」

「叫び」の中央の雲の部分に鉛筆の小さな字で書き込みがある。だれが書いたのかは不明だが、ムンク本人の説が有力。「叫び」はムンク自身の恐怖体験をもとに描かれたもの。

おつかれさまでした！ これで全5章フィニッシュです

第5章特級編 採点表

あなたの正解数 ▶ □問／□問

雑学クイズ 計72問／合計500問

第5章特級編のクイズは計72問。内訳は次のとおりです。分野（科目）別の正解数をチェックしたい人は、□の中に正解した数を書き込んでください。

国語—10問 □　**社会—20問** □

英語—8問 □　**数学—4問** □

理科—6問 □　**芸術—10問** □

家庭—6問 □　**保健体育—8問** □

これですべて終了です。5章の採点と同時に全体500問の正解数も出して、総合成績を確認しましょう。結果はどうあれ、丸一冊500問分の雑学知識があなたのものになったのです。オメデトウ！

雑学王への道

最後までがんばった人は、み〜んな雑学王！

◎正解数90問以上の人……特級編はいわば大学院クラス。見事な成績です！

◎正解数55〜64問の人……上々の成績です。さらに雑学を究めてください。

◎正解数45〜54問の人……悪くない数字。まだまだ雑学に強くなれますよ。

◎正解数35〜44問の人……今回は残念。もう少し世間への視野を広げましょう。

◎正解数35問未満の人……くじけずに、今後さまざまな知識を吸収してください。

　以下、全5章の総合成績の評価です。

★合計正解数450問以上の人……おめでとう、文句なしの雑学王です！「ザ・キング・オブ・雑学王」の称号を贈ります。

★合計正解数400〜449問の人……8割クリアはすばらしく優秀。「スーパー雑学王」の称号を贈ります。

★合計正解数350〜399問の人……8割までもう一歩、惜しかったけど敢闘賞もの。「スタンダード雑学王」の称号を進呈！

★合計正解数300〜349問の人……嘆く必要はありません。これから成長できるように「プチ雑学王」の称号を進呈！

★合計正解数300問未満の人……結果は悪くとも最後までやり通したことが立派。「チャレンジャー雑学王」の称号を進呈！

◎参考図書
『雑学の泉』Ｍ２プロジェクト編／永岡書店、『天下無敵のネタの宝庫　雑学大事典』Ｍ２プロジェクト編／永岡書店、『ことばのビミョーな違いがわかる本』日本語研究会編／永岡書店、『英語雑学面白読本』ダグラス・Ｂ・スミス著／研究社、『頭にやさしい理科系雑学』竹内均編／同文新書、『雑学新聞』読売新聞大阪編集局／ＰＨＰ文庫、『数の雑学事典』片野善一郎著／日本実業出版社、『音楽おもしろ雑学事典』長田暁二著／ヤマハミュージックメディアなど　そのほか、「朝日新聞」「読売新聞」、各種辞書・事典類、企業・団体・官庁・メディア等のウェブサイトなど、多くの文献、資料を参考にさせていただきました。

●Ｍ２プロジェクト

出版・広告・ウェブなどで幅広く活躍するフリーライター・エディター集団。雑学本など書籍関連の企画編集の実績多数。

編集協力／ office Ｍ２
本文デザイン／橋本秀則（シンプル）
執筆／宮下 真、大和田優、飯澤純子

これだけできれば雑学王

2009年6月10日　発行

編　者◎M2プロジェクト
発行者◎永岡修一
発行所◎株式会社永岡書店
〒176-8518東京都練馬区豊玉上1-7-14
代表☎03（3992）5155
編集☎03（3992）7191
印刷◎アート印刷
製本◎ダイワビーツー

ISBN978-4-522-42822-1　C2076